法治思维形成及发展演变

杨　敏　樊英杰　著

北京工业大学出版社

图书在版编目（CIP）数据

法治思维形成及发展演变 / 杨敏，樊英杰著 . — 北京 ： 北京工业大学出版社，2021.5
ISBN 978-7-5639-7962-2

Ⅰ . ①法… Ⅱ . ①杨… ②樊… Ⅲ . ①法治—研究 Ⅳ . ① D033

中国版本图书馆 CIP 数据核字（2021）第 108584 号

法治思维形成及发展演变
FAZHI SIWEI XINGCHENG JI FAZHAN YANBIAN

著　　者：杨　敏　樊英杰
责任编辑：张　贤
封面设计：知更壹点
出版发行：北京工业大学出版社
　　　　　（北京市朝阳区平乐园 100 号　邮编：100124）
　　　　　010-67391722（传真）　bgdcbs@sina.com
经销单位：全国各地新华书店
承印单位：天津和萱印刷有限公司
开　　本：710 毫米 ×1000 毫米　1/16
印　　张：10.25
字　　数：205 千字
版　　次：2022 年 3 月第 1 版
印　　次：2022 年 3 月第 1 次印刷
标准书号：ISBN 978-7-5639-7962-2
定　　价：60.00 元

作者简介

　　杨敏，女，四川大学法学院在读博士研究生，先后获得文学学士、文学硕士学位，主要研究方向为法律文化、西方文学。

　　樊英杰，女，副教授，成都大学马克思主义学院思想道德修养与法律基础教研室主任，毕业于四川大学，先后获得法学学士、法学硕士及法学博士学位。

前　言

　　全面依法治国，是国家治理的一场深刻革命。"法治"作为一个概念，被法律执业者奉为终身的法律信仰。而考察人类社会历史中法治的发展历程，我们会发现，对这个概念的理解，是随着时代的发展和法治的进步而不断变化的。

　　法治国家的形成应具备两方面的条件：一方面是要有一套反映社会关系及其发展规律的法制体系；另一方面是要有社会公众对法律秩序所内含的伦理价值的信仰，即社会公众必须养成良好的法治思维和行为方式，做到在法治之下，而不是法治之外，更不是法治之上想问题、办事情。

　　法治的发展和演进，需要法治思维的不断推动，而法治思维正是指以法治价值和法治精神为导向，运用法律原则、法律规则、法律方法思考和处理问题的思维模式。法治思维是一种正当性思维、规范性思维、可靠的逻辑思维、符合规律且尊重事实的科学思维。因此，法治思维是一种融法律的价值属性和工具理性于一体的特殊高级法律意识，而本书就是基于法治思维的不断发展和依法治国的不断深化而展开论述、研究的。

　　本书共分为三个部分。第一部分包括第一章和第二章，主要对法治思维进行初步阐述，明确法治思维的时代价值，并从理论角度分析法治思维的内涵及本质属性，阐明法治思维的功能；第二部分包括第三章至第五章，主要对法的思维进行论述，从多方面阐述法的价值思维，对法的理性思维进行分析，同时从法的推理思维角度进行论述，明确合理合法性的推理；第三部分包括第六章和第七章，主要对法治思维在实践中的应用进行研究，从法治思维的形成演进及法治思维与法治方式、法治思维与推动发展、法治思维与维护稳定几个方面进一步阐明法治思维的应用及实践。

　　在撰写本书的过程中，作者广泛吸取了多位学者关于法治思维形成及发展演变的研究与探讨，但囿于时间和精力以及作者的能力，书中难免存在不足之处，望广大读者批评指正。

目　录

第一章 导论

法治决定了法治思维的具体内容，法治秩序的存在是法治思维展开的重要前提。法治思维，是沟通法治与法治实践的桥梁。法治思维和法治方式，在一定意义上是法治的外化形式。

第一节 法治与法治思维

一、法治

法治这一概念起源于西方。在两千多年前的古希腊时代，哲学家亚里士多德提出："法治应包括两重含义，即已成立的法律获得普遍的服从，而大家所服从的法律又应该是良好的法律。"这样的法治应当优于一人之治，因为法律是由许多人制定出来的，多数人的判断总比一个人的判断可靠。人治容易出偏私，而法治是没有感情的，不易出偏私。

随着人类社会的不断发展，法治已经受到世界上不同社会、文化、经济和政治制度国家的认同。1959年，在印度新德里召开的国际法学家大会通过了《德里宣言》，这一宣言集中了各国法学家对"法治"的一般认识，将"法治"总结为三条原则：一是立法机关的职能在于创设和维护得以使每个人保持"人类尊严"的各种条件；二是法治原则不仅要对制止行政的滥用提供法律保障，而且要使行政有效地维护法律秩序，借以保证人们具有充分的社会和经济生活条件；三是司法独立和律师自由是实施法律必不可少的条件。

法治概念体现在国家与社会的关系中就是"法治国"的理论。一个有力量保护其公民的国家，也有力量压迫其公民。因此，在提出国家应当具备有效的暴力手段这一要求的同时，也提出了这一任务，即国家暴力只有在受到"法治国"原则的控制和约束的情况下才可行使。

"法治国"这一概念反映了人类在国家治理中的普遍性价值和利益：有关公民的权利和自由不可剥夺的原则和思想；有关在法治国条件下法和社会正义的至高无上以及法治和法律秩序的不可动摇性的思想；有关作为政权渊源的人民主权的思想；有关保障人民的权利和自由以及国家应服从于社会的思想；等等。当然，不可避免的是，当代西方国家在宣扬法治概念的过程中有意识形态化的内容。

然而我们在把握"法治"和"法治国"概念的时候要清楚地认识到，"既不应该使之意识形态化，也不应该照搬现代西方国家的'法治国'模式"。

1997 年 9 月，党的十五大报告第一次完整提出了依法治国的科学概念和内涵："依法治国，就是广大人民群众在党的领导下，依照宪法和法律规定，通过各种途径和形式管理国家事务，管理经济文化事业，管理社会事务，保证国家各项工作都依法进行，逐步实现社会主义民主的制度化、规范化、程序化，使这种制度和法律不因领导人的改变而改变，不因领导人看法和注意力的改变而改变。"

法治思维的内涵丰富、外延宽广，主要表现在价值取向和规则意识两个方面。价值取向是指如何看待和对待法律，规则意识是指如何用法律看待和对待自身。一般来讲，法治思维主要包括法律至上、权力制约、公平正义、权利保障、正当程序等内容。

二、法治思维

从哲学层面讲，思维是人类在表象、概念的基础上，进行综合、分析、判断、推理等活动的过程，思维是人区别于其他动物的重要特质。法治思维就是指执政者在法治理念的基础上，运用法律规范、法律原则、法律精神和法律逻辑对所遇到或所要处理的问题进行分析、综合、判断、推理的思想认识活动与过程。

一般而言，法治思维包括了三个层面的具体内容：第一，在价值观上，法治思维以法治理念和法治精神为导向；第二，从实质上来看，法治思维是思考和处理问题的一种路径和过程；第三，在方法论上，法治思维强调运用法律原则、规则和方法进行思维。

有论者将法治思维这一概念从"本体论思维""认识论思维"和"方法论思维"等方面加以阐析和细化。从本体论思维出发，法治思维就是要明确法的起源、法的目的、法的功能，以及法如何实现其目标和目的等基本规律，包括了法的价值思维和法理思维；从认识论思维出发，法治思维包括对法的专门学问、学识的认识和把握，包括了法的推理思维和平衡思维；从方法论思维出发，法治思维是指要遵循法的实现方式、方法和手段，包括正当程序思维和法经济思维。

也有学者认为，从实践层面而言，法治思维通过四个维度得以体现：第一，法治思维是一种底线思维，是以合宪性与合法性为起点、以公平正义为中心的一个逻辑推理过程；第二，法治思维是一种规则思维，是基于法律规则的一种思维方式，具体体现为一种规则意识；第三，法治思维是一种权利思维，其基本要求就是在行使权力的过程中，应当明确其终极目标是维护公民的合法权利而不是损害甚至是侵犯公民的合法权利；第四，法治思维是一种契约思维，法治思维本身就是对契约精神的尊重与体现。底线思维也好，规则思维也好，权利思维也好，都是通过契约思维来体现的。此外，法治思维还是权力限制思维和程序思维。权力限制思维要求将权力关进法律的笼子里，要求遵循"法定职责必须为、法无授权不可为"的原则，规定公权力行使者不得法外设定权力，不得在没有法律法规依据的情形下做出减损公民、法人和其他组织合法权益或者增加其义务的决定；程序思维要求任何法律法规被运用于现实生活时，必须遵循诸如决策程序、立法程序、执法程序、司法程序和选举程序等特定程序。

这些讨论，为我们从不同的角度和维度去理解法治思维提供了理论上的支持。对于各级领导干部来说，法治思维主要是指在法治理念的基础上，自觉运用法律的规则和原则、法的精神对相关问题进行分析、综合、判断、推理，从而得出合乎法治逻辑的结论的过程。

三、法治方式

法治方式是指公权力机关和其他社会组织在法治理念和法治精神的指引下，通过立法、执法、司法、守法活动，运用规范、制度、机制、程序、法律等管理公共事务的方法、手段、措施的总和。法治方式的基本类型有：通过设定行为规范，明确行为预期；通过实施公权力行为，对社会进行有效管理或治理；通过监督、问责、救济的方式，确保公权力的合法行使；通过为不同的行为设定不同的法律后果，形成利益导向机制；通过正当程序的规范来提高行为的民主性、科学性、有效性、共识性；通过法律程序来解决争端，维护秩序和稳定等。

对于领导干部，"法治思维"与"法治方式"并列相提，二者是相互作用、相互统一、互相促进的。

其一，法治方式是法治思维的实现途径。法治思维是人的一种内在活动，是思想认识过程。法治思维的把握、认识必须通过一定的外在形式得以实现，这些外在的形式就是所谓的法治方式。如果仅仅具有法治的思维方式，而不会采用法治方式处理相关问题，那么就不能说其真正具有了法治思维能力。同时，通过法治方式的践行，也可以逐步提升领导干部的法治思维能力，逐步形成运用法治思维思考和分析问题的习惯。

其二，法治思维决定了法治方式的运用。人治思维的拥有者通常不会或者不善于采用法治方式处理日常事务。具有法治思维能力的领导干部自然会在日常工作中自觉运用法治方式。另外，法治思维是法治方式的价值引导。法治方式是法治外在的表现形式，法治思维依照法治的价值和目标来进行，法治思维能力必然影响法治方式的形式和水平。

其三，法治方式反过来有助于法治思维的实现和养成。行为和习惯的改变会促进思维方式和价值取向的改变。国家与社会的发展、老百姓的诉求、社会舆论的监督，促使各级领导干部在履职过程中形成新的行为方式，采取符合法治要求的行为方式，从而促进法治思维的逐步养成。总之，法治思维和法治方式二者是相互作用、相互统一、互相促进的。法治思维决定着法治方式的具体形态，法治方式反过来有助于法治思维的实现和养成。同时，二者会根据国家和社会的发展需要，互相促进：在国家和社会的现实发生变化时，新的法治思维便会出现，接着会带动法治方式的调整；面对新的社会现实，法治方式也会促使人们反思总结，产生新的法治思维以适应社会发展的需要。正因为如此，国家机关公职人员在使用公权力的过程中，必须将二者相结合，不可偏废其一。

第二节　法治思维之思辨

法治思维不是单线性思维，而是一种综合性的思维方式。

法治思维有别于政治思维、道德思维，也不是单纯的法律思维、规则思维、逻辑思维。

一、法治思维的架构："道、学、术"

道，指原理、规律。学，指学问、学识、见识。术，指手段、方法。概括而言，道、学、术三者结合就是原理、知识与方法三种思维的结合。其中，道是本体论思维，学是认识论思维，术是方法论思维。

道（原理）：法的原理、原则或规律思维。其是要弄明白法的起源、法的目的、法的功能，以及法如何实现其目标等基本规律。具体而言，包括法的价值思维、法理思维两部分。

学（知识）：法的专门学问、学识。法律本身就是一门专业性极强的学问，甚至刑法、民法、行政法之间的专业差距也很大，很少有人能同时精通刑法、民法和行政法各学科的。当然，法的专业知识也存在共性。笔者仅仅从领导干部和公务人员的法律学问需求出发，概括出其需要掌握的法的知识，主要也有两方面：法的推理思维、法的平衡思维。

术（方法）：法的实现方式、方法和手段。任何目标的实现都离不开正确的手段和方法，法律也不例外。当然，法的目标价值的实现有其特定的方法与手段，概括起来，也有两种方法论思维：正当程序思维、法经济思维。

这就构成了法治思维的基本框架结构，即法的价值思维、法理思维、法的推理思维、法的平衡思维、正当程序思维和法经济思维。

二、法治思维的相关概念辨析

（一）法治思维不等同于法律思维

两者的区别可以概括为广义与狭义之别，是一种包含关系。法治思维属于广义的范畴，法律思维则是狭义的范畴。具体而言，两者的区别在于：

（1）思维主体差异

法律思维一般限于法律专业工作者，如政府法制机构工作人员、司法机构人员；而法治思维则是对包括领导在内的一般公职人员的要求。

（2）思维内容有别

法律工作者的法律思维只需做法律是非判断，即合法与违法判断、合理与不合理判断、该承担怎样的法律责任判断；而领导干部的法治思维要考虑的因素广泛得多，在实体把握上，除了合法性外，还要考量民众的接受程度、科学合理性、可操作性、风险及可控程度等多方面因素，才能做出决定。以大家都比较熟悉的"三个效果"思维为例，法律思维只关注法律效果，确保其不违法；法治思维则要考虑政治效果、法律效果和社会效果三者的统一，缺一不可，保证其既合法又可行。再以行政决策为例，政府法制部门人员的法律思维只需做合法性审查把关；而行政领导则要在公众参与、专家论证、风险评估加上合法性审查的基础上，做出集体决定。若少走了其中一个程序，就可能造成行政决策的无效。

（3）责任不同

法律工作者只进行建议性思维，提供给有权决策者参考，所以一般不直接承担法律责任；而领导干部是进行决策性思维，所做的决定直接影响相对人的权利和义务，所以有法律后果，若决策失误要承担法律后果和政治后果。

（二）法治思维有别于政治思维

广义的政治系指政府、政党、社会团体和个人在内政及国际关系方面的活动；狭义的政治则指治理国家所施行的措施。所以无论从广义的范畴还是从狭义的视角考量，法治都属于政治范畴的概念，确切地说，两者亦属于包含关系。但两种思维的差别也是显而易见的：①政治思维是一种战略思维，需要考量相关的各种因素和利益，从中做出最有效的抉择；而法治思维只是一种战术思维，是从法律的视角进行的相对微观的形式思维。②政治思维是一种选择性思维，从众多方案中选择一种或几种可行又能达到目的的最优方案；而法治思维通常是一种非选择性思维，即以合法为标准的单线思维，非此即彼，即便是行政自由裁量权范围的事项，也要遵循行政合理性原则，违背了合理性，该行政行为也不能成立。③政治思维是能够容忍风险的思维，只要这种风险是预计之中且能承受的，如改革决策许多都是有风险的，但不能因为有风险而不改革，只要符合法定程序，决策者没有在改革中有一己私利的，即便改革未达到预期效果甚至失败，也应豁免责任；但法治思维基本是不能容忍风险的思维，因为其产生的是法律责任，而不是政治责任，所以依法要承担法定责任。

（三）法治思维有别于伦理思维

这两者实质上是法律与道德的区别在思维领域的体现。

①法治思维是一种他律型思维；而伦理思维是一种自律型思维。②法治思维是一种底线型思维，突破了该底线，会产生相应的法律后果，当事人需要承担相应的法律责任；而伦理思维是一种分层性思维，按照马斯洛的需求理论，人的伦理需求可以从生存等最低需求到人的终极价值关怀等最高层次的精神需求，在这些需求中，法律只是帮助守着基本的底线型需求，而高层次的伦理需求，法律是无能为力的。③法治思维是一种外部性思维，是一种以公权力的强制性予以保障的思维；而伦理思维是一种内部性思维，是一种依赖人的"良心"发现和自身修养的思维方式。

（四）法治思维不等同于逻辑思维

法治思维里包含着逻辑推理思维。尤其我们是成文法国家，法律条文便遵循着逻辑推理，即"三段论"推理原则。所以法治思维离不开逻辑思维。但又不局限于逻辑思维，因为法律推理中，除了逻辑推理之外，还有辩证推理。当然，逻辑思维是法治思维的基础，不掌握逻辑推理就谈不上辩证推理，也就不可能真正运用好法治思维。

（五）法治思维不能简单地归结为管制思维

管制思维是法治思维的一部分。法治思维不能简单地归结为"治官"和"控权"。因为控权的前提是官员手里有权力，而且是法律赋予的，这种权力不加以控制的话，会被滥用而对公民的权利产生侵害。但政府要赋予其权力以管理社会和维护公共秩序，而且这种权力会对公民的权利产生制约，这是种"必要的恶"。反之，也不能把法治思维简单地认同为管制思维：①管制思维是"治民"的思维，考量的是如何管理老百姓；而法治思维主要是"治官"的思维，考虑的是如何不滥用政府手中的公权力。②管制思维是一种权力主导型思维，政府是权力行使者，而百姓是义务承担者；法治思维则是责任主导型思维，对百姓来说是权利的实现，对政府来说是职责的履行。③管制思维是"警察权"思维，即以公共秩序的维护为主要目标；而法治思维是一种"公仆"思维，即以创建服务型政府为其实现目标。

第三节　法治思维的时代价值

党的十八大以来，习近平在多个场合提出要更加注重法治在国家治理和社会管理中的重要作用，多次强调运用法治思维和法治方式治国理政的重要性。党的十八届四中全会通过的《中共中央关于全面推进依法治国若干重大问题的决定》指出，我国正处于社会主义初级阶段，全面建成小康社会进入决定性阶段，改革进入攻坚期和深水区，国际形势复杂多变，我们党面对的改革发展稳定任务之重前所未有、矛盾风险挑战之多前所未有，依法治国在党和国家工作全局中的地位更加突出、作用更加重大。因此必须明确，依法治国是党领导人民治理国家的基本方略，法治是治国理政的基本方式，要更加注重发挥法治在国家治理和社会管理中的重要作用，更好发挥法治的引领和规范作用。在首都各界纪念现行宪法公布施行30周年大会上，习近平第一次强调"法治思维"这一概念。习近平指出："各级领导干部要提高运用法治思维和法治方式深化改革、推动发展、化解矛盾、维护稳定的能力，努力推动形成办事依法、遇事找法、解决问题用法、化解矛盾靠法的良好法治环境，在法治轨道上推动各项工作。"2013年2月23日，习近平在主持党的十八届中央政治局第四次集体学习时指出："各级领导机关和领导干部要提高运用法治思维和法治方式的能力，努力以法治凝聚改革共识、规范发展行为、促进矛盾化解、保障社会和谐。"在坚持和发展

"枫桥经验"的批示中、在 2014 年 1 月 7 日召开的中央政法工作会议上、在 2014 年 10 月 23 日党的十八届四中全会第二次全体会议上的讲话中，习近平都多次提到"法治思维"的问题。党的十八届四中全会通过的《中共中央关于全面推进依法治国若干重大问题的决定》（以下简称《决定》）更是明确提出："要提高党员干部的法治思维和依法办事能力。党员干部是全面推进依法治国的重要组织者、推动者、实践者，要自觉提高运用法治思维和法治方式深化改革、推动发展、化解矛盾、维护稳定的能力，高级干部尤其要以身作则、以上率下。"2015 年 2 月 2 日，在省部级主要领导干部学习贯彻党的十八届四中全会精神全面推进依法治国专题研讨班上的讲话中，习近平专门就领导干部提高法治思维和依法办事能力提出四点要求："一是要守法律、重程序，这是法治的第一位要求；二是要牢记职权法定，明白权力来自哪里、界限划在哪里，做到法定职责必须为、法无授权不可为；三是要保护人民权益，这是法治的根本目的；四是要受监督，这既是对领导干部行使权力的监督，也是对领导干部正确行使权力的制度保护。"习近平的这些论述为法治思维赋予了新的时代内涵，对我们深刻理解法治思维的时代价值、不断提高党的领导水平和执政水平、全面推进依法治国、加快建设社会主义法治国家、实现国家治理现代化、全面建成小康社会、实现中华民族伟大复兴中国梦具有重大的理论意义和现实意义。

①法治思维是全面建成小康社会、实现中华民族伟大复兴中国梦的题中应有之义。法治是全面建成的小康社会的重要目标。全面建成的小康社会是经济、政治、文化、社会、生态文明全面发展的小康社会。党的十八大报告对全面建成小康社会在民主政治方面的新要求："民主制度更加完善，民主形式更加丰富，人民积极性、主动性、创造性进一步发挥。依法治国基本方略全面落实，法治政府基本建成，司法公信力不断提高，人权得到切实尊重和保障。"可见，法治本身就是全面建成的小康社会的重要组成部分和目标之一。实现中华民族伟大复兴的中国梦也是"法治梦"。中国梦包含法治梦，法治梦保障中国梦。习近平总书记指出，实现中国梦，要坚持党的领导、人民当家作主、依法治国有机统一，坚持人民主体地位，扩大人民民主，推进依法治国，坚持和完善人民代表大会制度、中国共产党领导的多党合作和政治协商制度、民族区域自治制度以及基层群众自治制度等基本政治制度，建设服务政府、责任政府、法治政府、廉洁政府，充分调动人民的积极性。换言之，法治是全面建成小康社会，实现中华民族伟大复兴中国梦的根本保障。运用法治思维和法治方式推动全面建成小康社会和实现中华民族伟大复兴中国梦的各项工作，有助于我们党团结和带领广大人民群众以更大的政治勇气和智慧，不失时机全面深化改革，破除

一切妨碍科学发展的思想观念和体制机制弊端，如期实现全面建成小康社会的宏伟目标，为实现中华民族伟大复兴的中国梦而奋斗。

②法治思维是推进国家治理体系和治理能力现代化的必由之路。党的十八届三中全会把完善和发展中国特色社会主义制度、推进国家治理体系和治理能力现代化作为全面深化改革的总目标。国家治理体系和治理能力现代化的内涵可以从不同的角度加以认识。国家治理体系的民主化程度和科学化水准可以视为判断国家治理体系现代化水平的重要标准。但从保证国家软实力现代化具有可持续性的长远发展战略角度来看，法治化水准才是判定国家治理体系和治理能力现代化水平最有效的标准。习近平指出："全面推进依法治国是关系我们党执政兴国、关系人民幸福安康、关系党和国家长治久安的重大战略问题，是完善和发展中国特色社会主义制度、推进国家治理体系和治理能力现代化的重要方面。"可见，法治化不仅是国家治理体系和治理能力现代化的重要体现，而且是国家治理体系和治理能力现代化实现的必要条件，没有国家治理体系和治理能力的法治化，就没有国家治理体系和治理能力的现代化。树立法治思维，运用法治方式，推动国家各项工作法治化，有助于我们找到实现国家治理体系和治理能力现代化的正确道路，有助于最大限度地凝聚共识，提升国家治理能力，实现国家治理现代化的各项目标。

③法治思维是全面推进依法治国，加快建设社会主义法治国家的内在需要。"只有铭刻在人们心中的法治，才是真正牢不可破的法治。"人们心中的法治思维不断培养和强化的过程，将是依法治国全面推进，社会主义法治国家加快建设的过程。各级领导干部作为执掌公权力的特殊群体，必须具有较高的法治思维水平和能力。习近平指出："现在，一些党员、干部仍然存在人治思想和长官意识，认为依法办事条条框框多、束缚手脚，凡事都要自己说了算，根本不知道有法律存在，大搞以言代法、以权压法。这种现象不改变，依法治国就难以真正落实。"解决这些问题，首先要解决好思想观念问题，从内心尊崇法治，把对法治的尊崇、对法律的敬畏转化为思维方式和行为方式，牢固树立宪法法律至上、法律面前人人平等、权由法定、权依法使等基本法治观念，彻底摒弃人治思想和长官意识，决不搞以言代法、以权压法，做到在法治之下，而不是法治之外，更不是在法治之上想问题、做决策、办事情。全面从严治党是全面依法治国的必然要求和根本保证。党的十八大以来，习近平多次强调依法治国首先要从严治党。依规管党治党是法治思维的具体体现。习近平指出，在我们国家，法律是对全体公民的要求，党内法规制度是对全体党员的要求，而且很多地方比法律的要求更严格。我们党是先锋队，对党员的要求应该更严。全面

推进依法治国，必须努力形成国家法律法规和党内法规制度相辅相成、相互促进、相互保障的格局。

④法治思维是不断提高党的领导水平和执政水平的必然要求。办好中国的事情，关键在党，关键在提高党科学执政、民主执政、依法执政的水平。当前，国际国内政治经济形势发生深刻变化，党面临的执政考验、改革开放考验、外部环境考验、市场经济考验是长期的、复杂的，精神懈怠危险、能力不足危险、脱离群众危险、消极腐败危险更加尖锐地摆在全党面前，对提高党的领导水平和执政水平提出了严峻挑战和崭新课题。战胜挑战、回答课题的根本之策就是把依法治国作为党领导人民治理国家的基本方略，让法治成为治国理政的基本方式。因为法治是国家和社会治理的"最大公约数"，是人类迄今为止能够认识到的最佳国家治理方式。习近平指出："各级党组织和党员领导干部要带头厉行法治，不断提高依法执政能力和水平，不断推进各项治国理政活动的制度化、法律化。"党既领导人民制定宪法法律，也领导人民执行宪法法律，党自身必须在宪法法律范围内活动，同时各级党政组织和领导干部树立法治思维，养成办事依法、遇事找法、解决问题用法、化解矛盾靠法的良好习惯，必将进一步提高党科学执政、民主执政、依法执政的水平，进一步改进党的领导方式和执政方式，进一步提高党的领导水平和执政水平。

第二章 法治思维的内涵和功能

法治思维包含着丰富的理论内涵，同时也是一个重要的时代课题。对"法治思维"理论内涵的分析是实现这一概念逻辑自洽的必然要求，然而要完成其作为真命题的时代课题的证成，则需要纵观历史发展的长河以挖掘其内在机制。

第一节 法治思维的内涵及本质属性

一、法治思维的内涵

新的概念表达了新的时代要求。"法治思维"这一新概念的提出，立即掀起法学界对这一问题的研究热潮。学者们首先对法治思维的科学内涵进行了深入探讨，发表了诸多真知灼见。有学者认为"法治思维是指受法律规范和程序约束、指引的思维方式"。由于在不同的历史时期，法治建设有不同的重点，因而法治思维的内容也会呈现出不同的样态。在现阶段，法治思维的核心在于限制、约束权力任意行使。从整体的角度看，法治思维不仅是指依法办事，而且包含了对公平、正义、权利、自由的价值追求。从方法论的角度看，法治思维讲究逻辑推理的技术手段。有学者主张："法治思维是指执政者在法治理念的基础上，运用法律规范、法律原则、法律精神和法律逻辑对所遇到或所要处理的问题进行分析、综合、判断、推理的思想认识活动与过程。"有学者强调："所谓法治思维，在本质上区别于人治思维和权力思维，其实质就是各级领导干部想问题、做决策、办事情，必须时刻牢记人民授权和职权法定，必须严格遵循法律规则和法律程序，必须切实保护人民和尊重保护人权，必须始终坚持法律面前人人平等，必须自觉接受法律的监督和承担法律责任。"也有学者指出："法治思维，是基于法治的固有特性和对法治的信念，认识事物、判断是非、解决问题的思维方式。"从上述有关法治思维的概念界定中我们可以看出，尽管学者们的表述各异，但共同点是都从"法治"的基本内涵以及法律方法与思维方式的关系出发来定义"法治思维"，只是研究者们对"法治"的理解存在差异罢了。确实，不同的法学流派赋予法治不同的含义，在不同的文明国度，法治的内涵也有差异。与凭借当权者个人意志进行统治的人治不同，法治是指"法律的统治"，旨在强调法律高于当权者的个人意志，一切国家机关、社会组织和个人的行为都要遵守法律的规定，受到法律的约束。另外，在法治思维与法律方法二者的关系中，一是法治思维支配法律方法。具有法治思维，必然会主动、自觉运用法律方法办事决策，反之，当遇到需要处理的问题时，通常首先会想到人治手段，在必须和只能运用法律手段时，也可能把法律手段用偏、用歪。二是法治思维通过法律方法表现。法治思维虽然是一种思想认识活动与过程，但它必然要外化为法治行为，即通过法律方法办事、决策。如果个人只会用法律规范、原则、精神分析和思考问题，而不能或不会用法律方法解决问题，尚不能认为他具有法治思维。

综上所述，鉴于法治基本内涵和法律方法对法治思维的重要意义，法治思维是主体以法治基本内涵为约束和指引，正确运用法律方法想问题、做决策、办事情的思维方式。法治思维主要包括规则思维、权利保障思维、权力制约思维、责任思维、程序思维和公平正义思维等。

二、法治思维的基本内容

一般来讲，法治思维主要包括法律至上、权力制约、公平正义、权利保障、正当程序等内容。

法律至上。法律至上是指在国家或社会的所有规范中，法律是地位最高、效力最广、强制力最大的规范。养成法律至上思维，对于自觉遵守法律、维护法律权威意义重大。

权力制约。权力制约是指国家机关的权力必须受到法律的规制和约束。权力制约分为权力由法定、有权必有责、用权受监督、违法受追究四项要求。养成权力制约思维，要求自觉运用权力、勇于监督权力，同时自觉监督宪法、法律的实施。

公平正义。公平正义是指社会的政治利益、经济利益和其他利益在全体社会成员之间合理、公平分配和占有。一般来讲，公平正义主要包括权利公平、机会公平、规则公平和救济公平。

权利保障。权利保障主要是指对公民权利的法律保障，具体包括宪法保障、立法保障、行政保护和司法保障。宪法保障是权利保障的前提和基础。立法保障是权利保障的重要条件。行政保护是权利保障的关键环节。司法保障是公民权利保障的最后防线，既是解决个人之间权利纠纷的有效渠道，也是遏制行政机关侵犯公民权利的有力机制。

正当程序。程序的正当，表现在程序的合法性、中立性、参与性、公开性、时限性等方面。合法性是指程序运行合乎法律的规定，有关机关或个人不得违反或变相违反；中立性是指程序设计和运行应平等地对待双方当事人，不得偏向任何一方；参与性是指案件或纠纷的利害关系人都有机会进入办案程序，充分表达自己的利益诉求和意见主张，为解决纠纷发挥作用；公开性是指程序运行的过程和结果应当向当事人和社会公开，以接受各方监督，防止办案不公和暗箱操作，让正义以人们看得见的方式实现；时限性是指程序的运行必须有合理期限，符合时间成本和效率原则的要求，不得无故拖延或没有终结。

三、法治思维的本质属性

"全面推进依法治国需要全社会共同参与，需要全社会法治观念增强，必须在全社会弘扬社会主义法治精神，建设社会主义法治文化。"这是习近平提出的发展理念。法律权威只有在全体人民的心中树立，才能为法治中国的建设夯实基础。作为公权力的享有者和行使者，公职人和各级领导干部必须首先养成法治思维。法治思维主要体现在公共事务的决策和执行过程中，公职人员和各级领导干部严格按照法律规则与程序形成认识并解决问题。由此，法治思维在本质上区别于人治思维，强调以合法性判断为逻辑的起点，整个决策与行动过程必须在理性的指引之下，以实践性作为思维的最终目的。换言之，法治思维在本质属性上同时具备合法性思维、理性思维和实践性思维三个维度。

（一）法治思维是合法性思维

对法治的认知是开启法治思维的钥匙。法治要求将法律作为主体行为的指引并以合法性作为评价的标准，而法治思维作为主体行动之前的思考，其逻辑起点首先在于合法性的判断。

1. 合法性判断是法治思维的逻辑起点

"合法性"是一个复杂的概念，最早明确而系统地提出合法性问题的人是德国社会学家、哲学家马克斯·韦伯。他认为，合法性是确定某一范围的人们对某种命令服从的动机，任何群体服从统治者命令的可能性主要依据他们对统治系统的合法性的信服程度。为有效说明合法性问题，韦伯将统治类型划分为传统型统治、魅力型统治和法理型统治，这三者的合法性基础分别是经验、感情信仰和合法律性。在传统社会向现代社会的转变中，韦伯指出："今天正当性最普遍的形式，便是对合法性的信仰，也就是服从形式正确的以一般方式通过的成文规定。"因此，现代社会的合法化模式，是基于合法律性的合法性。"合法律性"强调社会行动（尤其是政治权力）与既定法律规范的相符性，而"基于合法律性的合法性"则是指无须诉诸一种超越现行法律的价值，仅从合法律性本身就可以产生服从的信念。在这层面上，法治思维首先落实为规则思维或法律思维。规则是法律的基本单位，一整套的规则构成法律。法治是规则之治，但"徒法不足以自行"，良法只是实现法治的一个前提，良法的普遍实行才能使法律成为人们的一种生活方式，从而在真正意义上实现法治。中国建设社会主义法治要求全民守法，而其中最关键并具有引领作用的是国家公职人员和各级领导干部要带头守法。执行公务的过程本身就是法治思维外化的过程，国家公职人员和各级领导干部必须熟悉现行的相关法律规则，养成自觉遵守规则、按规则办事的习惯。

2. 法治思维是形式合法性思维与实质合法性思维的统一

合法性命题成立而必备的三个要素包括：工具合理性、选择合理性与科学合理性。首先，工具合理性与法律的确定性相连，即严格执法和司法程序的制度化使得行动、法律所确定的事实与法律后果之间有着规则性的、可计算的联系，从而可以确保公民对特定行动手段的工具性、规则性运用。其次，选择合理性和法律的公开性与普遍性相连，以确保公民享有自主的选择空间。最后，科学合理性与法律的职业化相连，即法律的系统阐述依赖于法律专家的科学合理性，同时使得"基于合法律性的合法性"具有了独特的知识论基础和专业化保障。当一个国家的法律具有了明确性、公开性、普遍性和专业性等形式化特征时，其本身即产生合法化的成效。但韦伯的合法性命题被后来者质疑的原因也在于此，那就是，仅仅将法律规则和程序作为思维依据必然导致形式法治的绝对化，而形式法治的绝对化则必然造成道德判断力的下降。因此，基于合法律性的合法性并不能完全取代正当性的判断，符合法律并不完全等同于正当性。"法治的发展历史已经证明，这种过于简单化的思维可能导致法律与社会之间出现紧张关系，法律与价值之间产生冲突。"在学术界，单纯强调法的形式而忽视其实质内涵以及以实质内涵作为法的先验判断的命题，都已经为第二次世界大战的历史所终结，新法学之"新"也就在于承认了道德与法律之间并不存在截然分离的命题。所以，法治思维也必须以形式为主，同时也辅以实质判断，并以此作为法律价值的基础。英文合法性"legitimacy"一词含有"合法律""合理"与"正当"之意，正如德国哲学家哈贝马斯对合法性概念的认识："关于合法性，我把它理解为一个政治秩序被认可的价值。合法性要求则与某个规范决定了的社会同一性的社会一体化之维护相联系。合法性被用来证明合法性要求是好的，即去表明现存（或被推荐的）制度如何以及为什么适合于通过这样一种方式去运用政治力量——在这种方式中，对于该社会的同一性具有构成意义的各种价值将能够实现。"因此，现代合法性的内涵不仅是基于合法律性的，符合一定的规范标准，而且也来自社会的自愿性同意或认同。

在目前中国语境下，作为以合法性判断为前提的法治思维必然反对任何以某些领导干部的个人意志替代法律的行为。法治思维与人治思维的最大区别就在于法治思维以法律的客观明确而不是人的主观专断作为行动的准则，生活在法治社会的人们按照法律去安排生活，从而摆脱某些领导干部的不可预测的率性行为所带来的不确定性。由于历史传统中的人治因素，以领导人意志为中心的现象在我国当前社会主义事业建设的过程中仍然时有发生，甚至屡见不鲜，严重影响了党和政府治理国家的合法性基础，长此以往，后果是非常严重的。正如习近平一再强调的："现在，一些党员、干部仍然存在人治思想和长官意识，认为依法办事条条框框多、束缚手脚，凡事都要自己说了算，根本不知道有法律存在，大搞以言代法、以权压法。这种现象不改变，依法治国就难以真正落实。"因此，法治思维就是要求公权力的享有者与行使者要明确权力的边界，以规则作为行动的准则，任何举措都要于法有据，以真正意义上的法律至上而不是领导人意志至上来树立全社会的法治信仰，寻求全社会对中国特色社会主义事业的认同与共识。

（二）法治思维是理性思维

法治思维是理性思维，强调思维主体对事物的内在本质、外部联系、发展趋势和客观规律的分析能力、鉴别能力和决断能力。这种能力是人类所特有的，并在后天的社会实践中加以培养和提升。理性思维贯穿决策和行动的整个过程，来自合理性的判断以及不断的反思，并力求将形式理性与实质理性辩证地加以统一。

1. 理性精神是法治思维的指引

法治是法律意义上的理性统治，法治思维是由理性精神指引的思维模式。英国哲学家罗素说："理性的理论方面就在于：要把我们的信念建立在证据上，而不是建立在愿望、成见或传说之上。按照这个论题，一个有理性的人就同一个审判官或一个科学家是一样的人。"而审判官与科学家在对待和处理问题上的共性就是强调以证据说话，这也就意味着，一个理性的人在提出或接受一个主张时，所表现出来的根本特点就是要为这一主张提供充分合理的证据。由此可见，所谓"具有理性"，最根本的就是具有思辨和推理能力，即在做出一项决定或接受一个信念之前，能够审视证据和结果之间的逻辑关系。

理性是人的内在规定性，同时也是人所特有的属性。人的理性思维来自理性认识。理性认识与感性认识相对应，后者是指通过人的五官及其在此基础上的经验而获得对事物的认识，但理性认识则强调通过抽象思维的办法达到对事物本质的认识。因而理性思维是一种抽象思维，它往往建立在感性认识所获得的材料的基础上，经过推理、判断和分析等逻辑思维的过程以达到对事物本质的认识。在获得对事物本质的认识的途径上，并非只有理性思维，非理性思维也可以达到对事物本质的认识，但因为后者是通过直观、顿悟、灵感等方式来实现的，其思维过程是不符合逻辑的，从而也无法加以验证。因此非理性思维是缺乏科学性的，而理性思维则指向了科学性，近代科学文化正是伴随着人类理性精神的复苏和理性思维的演进而发展起来的。与理性思维相关的事物和概念有很多，但我们基本可以归纳出由理性精神所指导的思维的最根本特征：一是在对事物的判断和决定上重视客观证据。虽然从诠释学角度来说，证据也不可能完全客观，其本身也包含着诠释的成分，然而理性可以对此进行反复乃至无穷的批判、分析、验证与纠错，无限接近并找到一定条件下的最充分的理由或依据，因此，即使证据并非无疑，但力求充分证据的思维方式，与依靠权威、信仰、偏见或是情绪，以及杂乱无章的思维方式仍有根本的区别。二是理性精神下的思维模式在方法论上或者是演绎的，或者是归纳的，其目标在于力求一致性与一贯性，强调集体或个人审慎地选择方案来行动，而非以习惯去摸索，或任由权威或情绪摆布。

2. 合理性判断贯穿法治思维的过程

在充分认识人的理性的伟大意义的基础上，由"理性"概念派生的"合理性"概念与法治思维也有着极为密切的关系。合理性是对人的思维和行为的更进一步的要求，也是用以评价人的思维和行为的文明程度的一种尺度。法治思维是一种理性思维，包含着思维过程中的合理性判断。

（三）法治思维是实践性思维

法治作为治国理政的基本方式，必须通过一个个具体的行动去加以实现，行动即为实践。法治思维在治国理政过程中发挥实际作用而不是流于空想，也必然落实为一种实践性思维。法治思维以实践性作为最终目的，并且也只有在实践中才能检验这一思维的正确性。

1. 法治思维以实践性为最终目的

马克思曾指出："社会生活在本质上是实践的。凡是把理论引向神秘主义的神秘东西，都能在人的实践中以及对这个实践的理解中得到合理的解决。"在根本上，实践是人类认识世界和改造世界的基本方式，人类的一切知识与思想都有其深刻的实践基础。所谓实践性思维，就是自觉地将人类实践活动本身的各种要素及其与实践活动的动态关系作为思维的逻辑准则加以遵循的哲学思维方式。与实性思维相对应的实践活动是一种主体和客体、主观和客观、目的和手段、理想和现实等矛盾之间相互作用、相互制约、相互否定、相互统一的能动活动，实践性思维在实质上也就是上述实践活动自身各种矛盾关系在哲学思维中的理性反映和有机统一。因此，实践性思维产生于人类的实践活动并反作用于实践活动，是人类根据自己的价值观对现实世界的改造，是体现人类本质的一种方法论。马克思正是在批判旧唯物主义哲学和唯心主义哲学的基础上提出了实践性思维方式，以取代传统哲学的本体论思维方式。同样，人类对于法的理解也经历了从"理性法"或"正确法"的本体论思维方式向"作为实践理性的法"的思维方式的转变。所谓实践理性，主要体现于人类行为的选择中，涉及指导行为的各种形式的理由，是指人在不同环境下依据行为理由进行判断和选择进而有意识地采取行为的能力。这就意味着作为实践主体的人类根据自己的观点和价值进行判断与选择的过程并不是一个纯粹形式的逻辑推理过程，而是实践推理过程。实践理性的这些规定性同样适用于法律这一实践领域。在立法中，法律规则体系不应当是从某些公理性原则出发进行逻辑推理的结果，而应该关注一个国家或地区的人们实践活动所根植的社会现实；在司法中，司法的过程也不能纯粹从先定的规则中演绎而出，而应当以法律和其他实践性信息为依据进行价值判断与行为选择。无论是立法还是司法，我们都必须意识到，尽管人类生活的目标是多元的，但构建一种自由平等和有秩序的社会可以被认为是最具一般性和共同性的目标，而法治正包含着这些价值追求。为实现这一目标，人类能够为自己立法，并遵守自己所立之法，此为法治思维概念的应有之义。

2. 法治思维的现实问题导向

作为实践性思维的法治思维始终以现实问题为导向。马克思主义哲学思维强调现实构成抽象观念的前提，现实世界具有先在性。"这里的先在，首先并不是时间上的优先，而是逻辑的优先性。如实地看，思维肯定是发生并存在于

17

现实之中的。'之中'不是空间式的排列关系，而是说思维如何现实地发生、成为可能，它的实际存在环境和方式是什么样的。"法治思维的现实问题导向意味着法治精神、法治原则、法治理念都必须直接被运用于解决实际问题，同时，对于现实问题的思考而凝练出的法治精神、法治原则、法治理念也构成了法治实践的基本组成部分。这是完全契合马克思主义实践思维的。自中国共产党接受马克思主义以来，一直探求马克思主义基本原理同中国具体实际和时代特征相结合的中国特色社会主义理论并将之落实为具体的实践。

3. 法治思维要求理论与实践相结合

作为实践性思维的法治思维不唯实践主义，而在全面正确理解理论与实践之间复杂关系的基础上推进法治中国的进程。中国法治建设的道路并不平坦，在对历史的反思中，我们可以感受到实践性思维对于完善中国法治的积极意义。首先，实践性思维意味着中国的法治建设不能仅仅依赖于各种来自西方的法治理论，没有任何一种理论可以一劳永逸地解决中国法治建设的所有问题，因此，所有的法治理论必须经过实践的反复检验才能判断其对中国的有效性。其次，实践性思维并不等于不重视理论。在理论与实践的关系上，排斥理论的唯实践主义同样是非常有害的。长期以来，我们对教条主义的危害有着较为清醒的认识，但对唯实践主义缺乏必要的警惕。"我党历史上的多次理论学习活动，大都是在片面强调理论联系实际而忽视理论自身的深化的情况下，而收获不大，致使大多数干部理论水平不高的。"一方面，我们必须认识到实践是理论的基础，实践对理论具有决定性作用，实践检验理论是具有根本性的，没有经过实践检验的理论是一种空想，甚至是十分危险的；而另一方面，实践同样需要理论的指导，没有理论指导的实践是盲目的，同样也是十分危险的。因此，习近平强调，首先要认真学习马克思主义理论，这是我们做好一切工作的看家本领，也是领导干部必须掌握的工作制胜的看家本领；其次，学习党的路线方针政策和国家法律规范，这是领导干部开展工作要做的基本准备，也是很重要的政治素养；最后，经济、政治、历史、文化、科技、军事、外交等方面的知识，领导干部要结合工作需要来学习，不断提高自己的知识化、专业化水平。"我们党历来重视抓全党特别是领导干部的学习，这是推动党和人民事业发展的一条成功经验。在每一个重大转折时期，面对新形势新任务，我们党总是号召全党加强学习；而每次这样的学习热潮，都能推动党和人民事业实现大发展大进步。"

第二节 法治思维的功能

国家治理现代化，包括治理理念的现代化、治理方式的现代化等，法治化是衡量国家治理现代化的重要标准。一个远离法治的国家，绝对不是一个治理现代化的国家；一个远离法治思维的执政党，绝对不是一个治理现代化的执政党。执政党的法治思维是国家治理体系和治理能力现代化的重要基础。

在全面依法治国、推进国家治理体系和治理能力现代化的历史进程中，法治思维具有价值引领、制度导向、实践转化等功能和作用。

一、价值引领功能

法治思维以法治作为判断是非和处理事务的标准。法治思维首先表现为法治意识、法治观念，蕴含着价值意义上的思考判断。具体来说，法治思维是以法治理念和法治精神为导向，以秩序、效率、正义、人权、自由作为其价值属性，并以此进行价值判断的思维活动。法治思维能力的强化，对于建设中国特色社会主义法治体系，推进国家治理体系和治理能力现代化具有重要的价值引领作用。

（一）引领国家治理现代化

法治是国家治理体系和治理能力现代化的重要依托。正如十八届四中全会通过的《决定》所指出的："依法治国，是坚持和发展中国特色社会主义的本质要求和重要保障，是实现国家治理体系和治理能力现代化的必然要求，事关我们党执政兴国，事关人民幸福安康，事关党和国家长治久安。"法治崇尚宪法法律至上。法治思维的核心内涵就是宪法法律至上，表现在国家治理上就是坚持依法治国、依法执政、依法行政共同推进，坚持法治国家、法治政府、法治社会一体建设。所以说，宪法法律至上的法治理念引领着国家治理体系和治理能力现代化的进程。

1. 关键是依宪执政

2012 年 12 月 4 日，习近平同志在参加现行宪法公布实施 30 周年纪念活动时指出："依法治国首先是依宪治国，依法执政关键是依宪执政。"坚持依宪执政原则，是领导干部法治思维的重要体现。有人质疑中国宪法不该规定党的领导地位，而且宪法序言不该有法律效力。面对质疑，领导干部要有制度自信、道路自信和理论自信，要用宪法思维应对挑战，给予强有力的回击。《中华人

19

民共和国宪法》（以下简称《宪法》）序言规定："中国各族人民将继续在中国共产党领导下，在马克思列宁主义、毛泽东思想、邓小平理论、'三个代表'重要思想、科学发展观、习近平新时代中国特色社会主义思想指引下，坚持人民民主专政，坚持社会主义道路……"这是对历史选择、人民选择、时代选择中国共产党在法律上的确认，具有历史的必然性、现实的必要性、法律规范的合法性，我们必须遵循。1990年苏联全民代表大会废除《苏联宪法》第6条，取消苏共的法定领导地位，实行多党制，放弃意识形态，最终把苏共推向灭亡。苏共垮台、苏联解体，说明一个政党的思想混乱、价值观失范是历史悲剧发生的主要原因。这个教训必须牢记。依宪执政必须坚持中国共产党的领导，绝不搞多党制；必须坚持共产党领导下的依法治国，绝不能搞西方的"三权分立"；必须在党的领导下进行军队现代化改革，而不能搞军队国家化；必须坚持并完善人民代表大会制度，绝不能搞所谓的全民公决；必须维护宪法权威，绝不能把宪法权威和党的权威对立起来。"维护宪法权威，就是维护党和人民共同意志的权威。捍卫宪法尊严，就是捍卫党和人民共同意志的尊严。保证宪法实施，就是保证人民根本利益的实现。只要我们切实尊重和有效实施宪法，人民当家作主就有保证，党和国家事业就能顺利发展。反之，如果宪法受到漠视、削弱甚至破坏，人民权利和自由就无法保证，党和国家事业就会遭受挫折。"

因此，我们要更加自觉地恪守宪法原则、弘扬宪法精神、履行宪法使命，实行依宪执政。

（1）树立宪法意识

确立宪法至上的法治理念，将法律铭刻在公民的内心，是法治实现的观念基础，是防止法律被边缘化的关键所在。依宪执政可以防止政治取代法治，政策取代法律，行政手段取代法律手段，可以防止法律虚无主义和"人治"做法的回归。

（2）维护宪法法律权威

依宪执政的重点问题是处理好执政党与宪法的关系。作为执政党的中国共产党领导人民制定宪法和法律，但党必须在宪法和法律范围内活动。任何组织或者个人都不得有超越宪法和法律的特权，绝不允许以言代法、以权压法、徇私枉法。任何组织或者个人违反宪法和法律都要承担法律责任，受到法律制裁。这就需要改变以党代政，改变权力绝对化和权力过分集中的现象，其最有效的措施是通过制度控权，维护宪法法律至上权威。权力只有关进制度的笼子里，掌权者才不会伤害到它的主人——人民，权力才会顺从法律制度。具体而言，制度控权应通过宪法和组织法，使得权力的设定有边界；通过选举制、任期制，使得权力的交替有规范；通过正当程序，使得权力运作有约束；通过权力对权力、权利对权力的监督，使得权力制约有实效。

（3）让宪法"活"起来

要防止"文化大革命"历史悲剧的重演，关键在于完善宪法实施监督制度和宪法解释程序，使宪法从"纸面上的宪法"变成"实践中的宪法"。宪法监督主要通过违宪审查制度得以实现，所以宪法监督又称违宪审查。违宪审查制度是特定的国家机关根据特定的程序或者方式，针对违反宪法的行为或者规范性、非规范性文件进行审查并进行处理的制度。其作用在于保障宪法的实施、维护宪法权威、保障公民权利与自由。世界上大多数国家都先后建立了违宪审查制度。我国监督宪法实施的机关是全国人民代表大会及其常务委员会。同时，根据《宪法》第99条的规定，地方各级人民代表大会在本行政区域内负有保证宪法实施的职责。根据十八届四中全会要求，应该加强人大的备案审查制度和能力建设，把所有规范性文件纳入备案审查范围，依法撤销和纠正违宪违法的规范性文件，禁止地方制发带有立法性质的文件。

2. 重心是依法行政

政府是国家治理中涉及面最广的治理主体。法治政府是法治中国建设的重点，是国家治理现代化的重要标志。建立法治政府，必然依法行政，严格按照法定权限和程序履行职责、行使权力，而且只有法治政府建设取得一定的成绩和达到一定的高度的时候，才能够实现国家治理体系的现代化。当前，我国法治政府建设取得了很大成就，已实现基本建成法治政府的目标。

进一步建设法治政府，应当构建一个与之相适应的透明政府、有限有为政府、服务政府。

第一，建设公开透明政府，保障公民的知情权、参与权、监督权，是建设法治政府的基本前提。建设公开透明政府，要改变行政实践长期封闭运行的传统，并依据《中华人民共和国政府信息公开条例》（以下简称《政府信息公开条例》）不断推进政务公开，用法律打造透明政府。

第二，建设"有限""有为"政府，重点解决"乱作为"和"不作为"的问题。法治社会就是把权力关进制度的笼子，特别是把含金量高的行政许可权、收费权、决策权关进制度的笼子里，既要简政放权，又要让行政权力的运行受到严格的规范和制约，让其接受人民群众和舆论的有效监督，接受司法的监督，接受人大监督，使其规规矩矩，不敢"乱作为"，真正做到"法无授权不可为"。

当然，"有限政府"还必须是个"有为政府"，真正做到"法定职责必须

21

为"。当前，一些地方、部门"为官不为"的现象较为普遍。"为官不为"的实质就是不履行法定职责，不依法行政。"为官不为"不仅影响政府职能的履行，也是对国家利益、社会公共利益和管理相对人利益的不负责，对政府公信力同样产生负面影响。政府及其公务人员应当依法全面履职，有所作为，不做"看客"，坚决纠正不作为、乱作为，坚决克服懒政、怠政。

第三，建设以人为本的服务型政府。各级政府应当将社会公众的需求作为提供服务的导向，在管理、执法中体现服务，并通过绩效评估和社会反馈的方式，对政府的服务能力做出评价，并以此做出改进。

（二）引领实现良法善治

"良法"是法治的价值标准和理性追求，"善治"是法治的运作模式和实现方式，"良法"与"善治"的有机结合，构成了现代法治的精神和精髓。良法应该是对社会主流价值的集中体现。如果法律丧失对社会生活的敏锐观察力以及对社会主流价值的良好吸收力的话，法律的生命必将渐渐枯萎。公平正义是中国法治文化的主流价值观，是社会主义核心价值观的基本要素，也是法治思维的精神内核。公平正义具有强大的感召力、凝聚力和引导力，我们要以公平正义的价值观引导立法、执法和司法。

1. 构建公平的规则体系

（1）公平正义是中国特色社会主义法治体系的内在要求

规则公平是起点公平、权利公平、机会公平的前提和基础。我国法治建设面临的一个现实的挑战，不仅仅是要制定法律，更重要的是法律应符合公平正义的价值追求，符合社会良知。当前，社会矛盾多发频发，往往与某些制度自身的不公平，尤其是制度不能很好地兼顾、平衡社会不同利益群体之间的关系有关。例如，国有土地上房屋征收有《中华人民共和国城市房地产管理法》和《国有土地上房屋征收与补偿条例》加以规范和保护，但农村集体土地上房屋的征收却没有专门立法来规范，主要是靠市、县政策在规范，具体到农村拆迁基本是"一村一策"。这种制度上的不公平，导致征收价格的不平等，容易引发粗暴拆迁等群体性事件。公平正义是中国特色社会主义的内在要求，构建公平的制度体系，创造公平正义的发展环境，保障人民共享人生出彩、梦想成真的机会，是建设中国特色社会主义法治体系的重要任务。

规则公平也体现在对弱势群体的倾斜保护方面。规则公平包括两方面：从法的普遍性来讲，规则公平是指法律面前人人平等，没有特权，没有歧视，每个人机会平等；从社会差异性来讲，规则公平是指用法律弥补事实上的不公平，对弱势群体倾斜保护，优先保护弱势群体的利益。一个致力于实现实质正义的法律制度既要维护公共利益，又要保护弱势群体的利益。正如美国政治哲学家罗尔斯在《正义论》中所指出的：一个正义的社会应当符合两个原则：一是自由的原则，二是差异的原则。社会的公正应当这样分配：在保证每个人平等的前提下，强者应给予弱者各种最基本的补偿，使弱者能够有机会参与社会的竞争。

对于人类因出身、天赋和受教育等不同而受到的不公平对待，法律应当加以补偿来实现正义，唯有如此，才能达成基本的社会正义。因为，一味强调机会公平而不注重结果上的扶弱原则，可能导致弱势群体的生存状态跌破基本底线，生活难以为继。法治社会更要注重尊重和保护少数人的权利，尊重和倾听他们的意见。

（2）科学立法，构建公平的制度体系

立法以及规范性文件的制定要符合法治精神，体现公平正义，这是保证法律质量和法治能力的前提。目前，全国人大通过的法律有240多部，国务院行政法规700多部，地方性法规9000多部。虽然，法律法规数量不少，但实施却不尽人意。很多问题看似"有法"可依，但在司法实践中，往往因为立法质量问题，难以得到妥善解决。如果没有科学的立法，国家治理必将事倍功半。制度建设不仅要管用，能解决问题，而且还要好，能体现公正。

首先，制度要管用，能解决问题。立法等制度设计要强调问题意识，切实拿出破解矛盾问题的"过硬招数""关键几条"，少些倡导性、原则性法条，多些实在、管用、精细、具体的法律措施条款，切实提高法律的针对性、实效性、可操作性。当然，法律不能总是当"马后炮"，出现问题再去补漏洞，应该有适度的前瞻性。这种前瞻性就是合理运用原则性规则，确保方向正确，同时通过明确职责、规范流程使法律更具有可操作性。

其次，制度要好，能体现公正。如何构建好的制度呢？一是以公心保公正。法律是人类最伟大的发明，教人如何征服自己，以法治来约束人的恶性和恶行，彰显人的德性和理性。所以，法律作为天下公器必须公用，其前提是立法者必须具备公心，以公平为目标，为百姓谋福祉。马克思曾论述道："如果认为在立法者偏私的情况下可以有公正的法官，那简直是愚蠢而不切实际的幻想！既然法律是自私自利的，那么大公无私的判决还能有什么用处呢？"如果制定出的法律本身就是不公正、不理性的"恶法"，那么人民的自由、社会公正又怎么能依靠它来保障呢？如果执法权、司法权不能中立公正行使，政府公信力又如何来保障呢？所以，要以规则公平促成权利公平、机会公平，进而赢得人们对法律的信仰。

二是以公开促公正。规则制定要公开，要兼顾公民的立法平等权，通过立法听证会、法律草案意见征集等民主立法方式，最大限度地吸纳和体现民意，切实维护人民群众的切身利益。立法离不开公众参与。开门立法是科学立法的必备条件，实践已经证明其必要性和重要性。

三是以科学促公正。制度设计要兼顾利益相关者的利益，平衡利益各方的关系，最大限度地保护人民的利益，切不可出台与民争利的规定，这样才能使人们自觉遵守法律。制度设计要不断消弭法律自身的冲突，确保法制内在的协调统一，确保法律的"内在道德性"。

2. 实现严格公正执法

法律价值在特定场合处于竞合状态时，法律价值冲突就出现了。当前，一些领导干部面对自由与秩序、公平与效率、改革发展稳定与法治之间的冲突，不知所措、困惑不安。如何抉择和进行价值判断是个现实问题。有些官员简单沿袭"大胆闯、大胆试"的思维路径，往往选择突破法律底线，导致是非判断标准混乱，社会秩序被破坏；有些官员片面理解"发展是硬道理""发展是第一要务"，在重大项目推进中，为保证发展速度，选择野蛮拆迁等方式，侵害当事人的合法权益；有些官员片面理解"稳定压倒一切""稳定是第一任务"，更多考量维稳"指标"和信访考核排名，对他人的自由和权利保护考虑就少了。当然，也存在另外一种极端现象，即"没有法律依据就不执行、不干活"，或"死扣法律条文机械执法"，成为"一个机器操作工"。

要做出正确的行为选择，关键就是善于运用法治思维，以法律的公平正义、保障人权为判断标准，整合价值，平衡利益，把价值冲突控制在法治允许的范围内。价值判断要解决的正是不同情形下不同价值的排序问题，特别是在"有事实，无规范"的情形下，法治思维更能彰显思维主体的能动作用，即思维主体以法治精神、法治原则来解释和解决具体复杂多样的现实生活问题，以思维的"相对抽象"来应对现实问题的"相对具体"，以思维的"相对简单"来应对现实问题的"相对复杂"。

（1）"两善相权取其重"

面对法律价值冲突，可以运用利益权衡原则，以"两善相权取其重"的判断标准，保护价值位阶更高的利益，实现公平正义。

秩序是法律的基础性价值，是法治思维的基本追求目标；自由、人权是法律的终极性价值，是法治思维的归宿和落脚点。秩序是实现自由、人权和活力的基础，但绝不能以限制自由的方式来获得所谓的安全感，更不能为了安全而否定自由。在一个法治社会，拥有公权力的政府可以对公众施加义务加以约束，但是义务的设定必须以保障人民的基本权利为出发点。因为，维护国家安全、社会秩序的本质就是为了保障人民的安全，实现人民的自由和社会的活力。以限制自由和人权为代价的安全和秩序是表面的、不稳定的。例如，流动摊贩治理之所以频发暴力冲突，与我国城市管理法律制度的"完美城市"价值偏差有关。过于强调城市秩序，而忽视市民的基本生活需求和摊贩的生存需求，脱离社会主义初级阶段的国情，一味地管控是引发矛盾的主要原因。

诚然，自由、人权具有更高的价值定位，但为了基本秩序和社会安全，也必须对自由和权利进行合理的限制，把社会活力控制在法律秩序允许的范围内。正如法国思想家卢梭在《社会契约论》中所说的："人是生而自由的，却无往不在枷锁之中。"在流动摊贩治理中，如果过分强调对弱势群体的照顾而突破法律的底线，片面强调其生存权，而不讲法定义务，不遵守法律，则会造成事实上的纵容违法，社会将陷入混乱无序中。流动摊贩治理的正确路径是疏堵结合，这样才能保证城市的秩序和活力共存。

我国"十二五"规划纲要明确提出，"稳步推进农业转移人口转为城镇居民"和"特大城市要合理控制人口规模"。特大型城市在制定户籍政策时，既要考量城市承载力、风险的可控性，确保城市安全有序，又要为居民提供更人性化、均等化的公共服务，实现城市让生活更美好。做好两者平衡，实现城市科学发展，并不容易。上海市实施"居住证"积分制度就属于"两善相权取其重"，在安全秩序与人权保障之间，进行了积极的探索和平衡。总之，唯有发挥法治思维的价值引领作用，平衡秩序与自由、安全与人权的关系，形成合理的张力，社会才能既安定有序，又生机勃勃。

（2）"两害相权取其轻"

面对法律价值冲突，也可以运用比例原则，以"两害相权取其轻"的判断标准，尽可能实现"最小损害"或"最低限制"，实现公平正义。例如，2010年上海世博会期间，为了维护公共秩序，上海决定在世博园区内实行交通管制，但该区域市民车辆可领卡进出，从而最大限度地减少对园区市民的影响。

各级领导和公职人员须坚持公平正义、保障人权的价值标准，牢固确立宪法至上、法律权威的意识，不断提高依法找法、用法靠法的能力，实现"改革是第一红利""发展是第一要务""稳定是第一责任"和"法治是第一要求"的有机统一，绝不能因创新、发展、维稳而突破法律的底线，绝不能因个别正义而牺牲规则之治的普遍正义。

3. 促进司法公正公信

公正是法治的生命线，司法不公对社会公正具有致命破坏作用。正如英国哲学家培根所言："一次不公正的审判，其恶果甚至超过十次犯罪，因为犯罪虽是无视法律——好比污染了水流，而不公正的审判则毁坏法律——好比污染了水源。"维护司法这道防线，关键在于以司法公开促进司法公正，以司法公正树立司法权威。

（1）司法活动应当经得起"围观"

司法公开是法治社会的重要标志，是司法公正的重要保证，是提升司法公信力的基础条件。我们要摒弃"司法神秘主义"，做到审判流程公开、裁决文书公开、执行信息公开，从立案、审判到执行全过程公开，让老百姓以看得见的方式感受到司法公正。例如，2014年1月1日，《最高人民法院关于人民法院在互联网公布裁判文书的规定》正式实施。一个案子怎么判决、当事人的诉求是什么、证据是什么、法官如何来认定等都在网上呈现出来，接受全社会的监督，使得不当干预没有插手的途径。司法公开堪称"倒逼"司法公正的极佳突破口，能起到"四两拨千斤"的作用，将有效杜绝司法腐败，提升法官素质，推进各级法院转变审判理念和审判方式，对加速中国司法公平、公正具有重要意义。

（2）依法保障司法权力

审判权交由法院独立行使是当今世界通行的价值准则。我国宪法规定了人民法院依照法律规定独立行使审判权，不受行政机关、社会团体和个人的干涉。但是，由于司法体制的掣肘，我国司法权力地方化和行政化严重，法官面对外部干扰、内部干预，身不由己，审判质量难以保证。特别是在土地征占、环境污染等案件中，即使地方法院明知当地政府滥用权力，也是要么不敢立案，要么久拖不决。

如何确保法官独立行使审判权？必须完善司法管理体制，去地方化、去行政化。司法体制改革已经拉开大幕，上海等地率先开展改革试点工作。以员额制为特征的司法人员分类管理、"审理者裁判，裁判者负责"的司法责任制和省以下法检机关人财物统管的司法行政事务保障机制是改革的三大关键环节。

（3）规范司法权力运行

法院是维护公平正义的最后一道屏障。规范司法权力运行，约束司法行为，强化对司法活动的监督，是确保司法廉洁公正的基本条件，是把好法律途径的最后一道关口的必然要求。例如，2015年4月24日，为了严肃纪律作风、严格职业操守、维护司法公正，进一步严格法官、检察官从业行为管理，上海从司法办案中最容易出事的关键环节、人民群众反映最强烈的突出问题、可能影响司法公正的制约因素入手，出台了《上海法官、检察官从严管理六条规定》，对司法人员的职业内外行为进行规范。又如，2015 年，最高人民法院原副院长奚晓明涉嫌严重违纪违法被调查，不仅表明反腐的广度、辐射度在拓宽，而且表明维护公平正义的环境在净化。

二、制度导向功能

从人类社会发展史看，法治作为治国理政方式，从来都是建设性而不是破坏性的。这种"建设性"作用，主要通过制度性安排实现。要解放和增强社会活力、促进社会公平正义、维护社会和谐稳定、确保党和国家长治久安，必须更好发挥法治的引领和规范作用，从法治上为解决这些问题提供制度化方案。法治思维具有鲜明的制度偏好，以建设性思路确定制度，修复社会关系，解决社会问题，为国家治理现代化提供了理论支撑和思维路径。法治思维既发挥着价值引领功能，也发挥着制度导向功能。

（一）以制度营造良好的政治生态

古语有云，小智治事，中智治人，大智立法。治理一个国家、一个社会，关键是要立规矩、讲规矩、守规矩，依靠制度来引领和规范。1980 年 8 月 18 日，在中央政治局扩大会议上，邓小平发表了题为《党和国家领导制度的改革》的重要讲话，揭示了我国现行政治体制存在的主要弊端，即官僚主义现象、权力过分集中现象、家长制现象、干部领导职务终身制现象和形形色色的特权现象等，进而强调要着重从制度方面来解决问题。同时，邓小平还指出："制度好可以使坏人无法任意横行，制度不好可以使好人无法充分做好事，甚至会走向反面。"当前，我们推进国家治理体系和治理能力的现代化，就是要遵循法治精神，用好的制度打造干部清正、政府清廉、政治清明的生态环境。打造"三清"的政治生态环境，必须着力"把权力关进制度的笼子""把权利从制度的笼子放出来"，通过"权力清单""责任清单"和"负面清单"，打破制度歧视和特权利益。

1. 以法律约束、规范权力

权力具有自我扩张性，具有被腐蚀的风险。权力规范行使，定力很重要，定力不足的人把持不住道德和法律底线。但是，权力控制不能单靠自律，必须把权力关进制度的笼子。权力不论大小，只要不受制约和监督，都可能被滥用。

（1）不断修补"权力的笼子"，防止权力任性

第一，认清权力本质，增强用制度约束权力的自觉性。法治的根本问题是权利与权力的关系问题，制约权力、保障权利是法治的主线。在权利问题上，凡法律所不禁止的，便应推定是公民的权利。在权力问题上，凡法律未明确授权的，都应推定为不得行使，否则就是破坏法治。在法治政府建设的具体实践中，还是应当突出"治官"这个重点，聚焦"治权"这个关键。"治官"，就是要始终抓住党员领导干部这个关键少数。所谓"治权"，就是按照"法定职责必须为、法无授权不可为"的原则，依法授权、确权、分权、用权、限权、晒权，切实做到把权力关进法律和制度的"笼子"，坚决杜绝不作为、乱作为和权力设租寻租。

第二，编织"制度笼子"，填补约束权力的制度空白。要用法律这根绳索"编笼子"，解决"牛栏关猫"的问题，解决暗箱操作的问题。在过去几年中，中央在"制度导向"上已经做了大量的工作。例如，大力推动权力清单、责任清单、负面清单制度的建立，出台了《领导干部干预司法活动、插手具体案件处理的记录、通报和责任追究规定》和《司法机关内部人员过问案件的记录和责任追究规定》，把公众参与、专家论证、风险评估、合法性审查、集体讨论决定确定为重大行政决策法定程序，建立重大决策终身责任追究制度及责任倒查机制和实行办案质量终身负责制等，将制度的笼子编织得更紧密，规范和保障权力在法治轨道内运行。目前，应该加快制定《中华人民共和国行政程序法》，规范行政权力的有序运行；应该加快推进反腐败国家立法，完善官员财产公示制度，完善惩治和预防腐败体系，加大法治反腐的力度，形成不敢腐、不能腐、不想腐的有效机制，坚决遏制和预防腐败现象；应该加快建设严密的法治监督体系，健全民众和司法对行政权力的全方位监督和规制等。

第三，管住"红头文件"，切实约束"权力的扩张"。当前，有些政府部门出于管理便利或维护部门利益之目的，违背法律设定公民权利行使的前置条件，甚至出台粗暴干涉、排除公民权利的规定。这类规范性文件既不是法规，也不是规章，统称为"红头文件"。这种随意减损公民权益或增加公民义务的"红头文件"，极大损害了法律权威和政府公信力，不利于法律信仰的建立。例如，2007年2月，福建平和县政府为了让有关部门齐抓共管，共同做好控制初中辍学工作，发布了《关于加大执法力度严控初中辍学的通知》，其中规定：乡镇、村和教育、劳动、工商、公安、民政、土地等部门对未取得初中毕业证书的青少年不得开具劳务证明，不给予办理劳务证、结婚证、驾驶证等，在福利补助、宅基地审批、营业执照发放等事项中严格审查青少年及其父母或者其他法定监

护人落实义务教育的情况。虽然这些措施管用，能解决问题，但其合法性受到质疑。尽管接受九年义务制教育是公民应当履行的法定义务，但政府采取的措施不能与国家法律相抵触，没有取得初中毕业证书就不给办理结婚证，这显然是严重违背我国《宪法》和《婚姻法》的行为。尤其可怕的是，当时群众面对"红头文件"的侵害，却缺乏畅通的救济途径。因此，一定要引起重视，必须切实把"红头文件"关进法律的"笼子"。

为防止"红头文件"挑战法律权威，我们正在构建多渠道的制度路径。一是人大常委会对"红头文件"的撤销权。《中华人民共和国各级人民代表大会常务委员会监督法》第三十条规定：县级以上地方各级人民代表大会常务委员会对本级人民政府发布的同法律、法规规定相抵触的决定、命令，以及超越法定权限，限制或者剥夺公民、法人和其他组织的合法权利，或者增加公民、法人和其他组织的义务的决定、命令，有权审查并予以撤销。二是法院对规范性文件的审查和建议权。《中华人民共和国行政诉讼法》第五十三条规定："公民、法人或者其他组织认为行政行为所依据的国务院部门和地方人民政府及其部门制定的规范性文件不合法，在对行政行为提起诉讼时，可以一并请求对该规范性文件进行审查。前款规定的规范性文件不含规章。"

（2）从程序制度上防止权力的滥用，维护公平正义

当前，一些利益集团在改革或切分"蛋糕"的过程中，先把自己的那块留下。如何有效防止此类现象发生呢？最简便的方法是从程序制度上防止权力的滥用，即有资源分配权的人不享受优先选择权。这就是罗尔斯在《正义论》所指出的，为了分"蛋糕"的公平，负责切"蛋糕"的人应该最后拿"蛋糕"。从程序制度上防止权力的滥用，关键在于程序制度的正当性。

一是落实回避制度、听证制度。回避制度是防止权力滥用，保证公平正义的支撑性制度。"自己不能做自己的法官"说的就是回避制度。换句话说就是指行使公权力者不能既当运动员，又当裁判员，否则公权力就会被滥用，公平正义就没有制度保障。古罗马皇帝康德茂喜欢"格斗"，但从未输过。究其原因，格斗规则由他制定：凡他上场必手执利刃，而对方只能按他的要求或持木质工具或徒手。这种既当运动员又当裁判员的方式，违背了程序中立与公正原理。听证制度是保证权力公开透明运行的核心制度，是保障公民知情权、参与权、监督权、决策权的核心程序。要想防止权力的滥用，一定要强化公开，依法公开权力运行流程，让权力在阳光下运行，让人民群众在公开中监督；一定要强化监督，着力改进对领导干部特别是一把手行使权力的监督。

二是健全决策程序、决策问责和纠错制度，防止决策的随意性。规范和完

善行政决策程序，首先应该改变"重实体轻程序""只看结果不看过程"的陈旧观念，坚持按程序办事的理念，杜绝"先上船后买票""特事特办"的逾越程序的行为。其次是在做出行政重大决策时，一定要遵循公众参与、专家论证、风险评估、合法性审查和集体讨论决定五大必经程序，实现民主决策、科学决策和依法决策的有机统一，防范决策失误。

三是要细化和落实有关程序规定。程序设计一定要科学合理。对于公权力而言，程序设计一定要针对权力运行的特点，要细致缜密；对于公民办事而言，程序设计要坚持便民原则，要简化流程，特别是在行政审批中。程序重在落实，俗话说得好，"磨刀不误砍柴工"，一个"纠正违章先敬礼"的细节，一个"行政处罚事前告知"的程序，就可以赢得被处罚者的尊重。

罗尔斯的"切蛋糕理论"还告诉我们：程序既能保证普遍性的公正，又能提高整体性效率。在切分蛋糕时，如果谁切蛋糕，谁先拿蛋糕，是很难保证公正的，且易引发争议，不得不花时间去化解矛盾，导致效率低下。如果按照"切蛋糕者最后拿蛋糕"的程序，问题就迎刃而解。那种认为"只要结果正确，无论过程、方法和程序怎样都无所谓"的观念于法治是有害的，那种认为"程序是对政府的限权，会降低政府的办事效率"的观念是无益的。忽视程序正义，为所谓的"效率"违背法律规律和规定，势必引发法治乱象。实践证明，程序既能保证普遍性的公正，又能提高整体性效率。例如，上海市在旧区改造中实施的两次征询机制，通过程序设计，使得拆迁补偿的公平性和效率性得以实现。

另外，"限时办结制"，是防止办事拖拉，提高工作效率的一项基本制度。"迟来的正义非正义"体现了正义的时效问题。

2. 以法律保障激发活力

法律这个笼子，既可以约束和规范权力运行，也可以防止权力拥有者跌落深渊，因而也是很好的防护栏。法律正如同"奥德修斯的绳索"，既约束自己，也保护了自己。法律制度不仅可以有效防止行政行为的随意性，解决"拍脑袋"的问题，而且可以成为政治家规避风险的有效方式。因为，公开透明的法律，有效阻止了暗箱操作，使得领导从社会多元利益的博弈中解放出来，减少了被腐蚀的机会。正如同"拔河"游戏，公权力者抽身事外做个真正的裁判，让各利益群体在公平的规则下直接进行博弈，裁判被腐蚀的风险自然也就化解了。因此，法律不只是束缚领导干部，同时也解放、保护领导干部。领导干部依法行使权力，便不用担心不确定的风险。做好"修护栏"，领导干部才能敢于作为，勇于担当，权力的活力也便能激发出来。

当前，一些地方改革的积极性有所减弱，其中一个重要的原因是担心改革试错后的法律风险。针对改革创新中存在的思想顾虑、制度障碍、机制缺陷和利益樊篱，上海市在制度建设方面先行先试，于 2013 年 6 月 19 日通过了《关于促进改革创新的决定》，其中设定"免责机制"，允许试错，宽容失败，让勇于创新者免于"后顾之忧"，激发全社会改革创新的积极性和创造力。从国家层面来看，《中华人民共和国立法法》（以下简称《立法法》）赋予设区的市地方立法权。设区的市的人民代表大会及其常务委员会、设区的市人民政府，可以对城乡建设与管理、环境保护、历史文化保护等方面的事项制定地方性法规、地方政府规章。立法权适度下放，不仅有利于充分发挥地方的积极性和主动性，发挥立法引领和推动全面改革的作用，而且为加强地方城市治理提供了制度保障。

（二）用法治维护改革、发展稳定

领导，一是靠人格魅力来领导，二是靠法律制度来领导。在现代法治社会，法律制度更具有可靠性。法治作为规则之治，是一种非人格化的治理，排斥个人的随意性。无产阶级革命家、政治家彭真同志曾说过，领导就要按照法律来领导。法律具有"维护阶级统治"和"执行社会公共事务"的社会作用，以及调节人们行为的告示、指引、评价、预测、教育和强制等规范作用。通过法律的这些作用的实现，我们可以建立有条不紊、充满生机的良好的法律秩序。

1. 依法保障秩序社会

秩序与活力都离不开法律的保障。法律的最大要义在于定分止争，唯有定分，方可止争，唯有秩序，才有活力与繁荣。古人说，"有恒产者才有恒心，无恒产者无恒心"。如果缺乏完备的法律制度保障，就不会有恒产，更不会有恒心。古代法家代表人物商鞅曾说："一兔走，百人逐之，非以兔可分以为百，由名分之未定。夫卖兔者满市，而盗不敢取，由名分已定也。"法律明确了财产的权属，市场和社会井然有序，才不会陷入"百人逐之"的失序状态。西方有句法律谚语"篱笆好，邻居好"，这个"篱笆"就是法律。

虽然法律本身不能直接创造财产，但是法律可以通过确认和保护财产来鼓励财富的创造。充满活力的社会理应是一个自由得到尊重、人权得到保障的社会。尊重人权的前提是尊重物权。家是我的堡垒，"风能进、雨能进，国王不能进"。物权界线之外，属于公共场所，是公权力活动的空间，而物权界线之内，是私权利的活动空间。确立物权理念，并非易事。例如，为了打造"百年经典"城市，江西省南昌市红谷滩新区下发的《临街建筑物空调安装、窗帘设置、衣物晾晒规范管理实施方案》规定，所有临街建筑物外露窗帘色调要统一选用纯白色，市民可以根据需要设置双层窗帘进行调整，外侧统一选用纯白色，内侧可以根据个人喜好而定。欲创"百年经典"，先要"统一窗帘"。如此管理思路不免令人哑然失笑。这一事件反映了某些政府公务人员对物权法的无知，以及法治意识的淡薄。我们应当充分认识到物权法的社会价值，切实改变不合时宜的观念、习惯、行为，自觉用物权法的排他性原则，处理好公私财产和权益关系。只有切实保障公民的财产安全，才能激发人民群众的生产积极性和创造性。

有恒产者有恒心，无恒产者无恒心。苟无恒心，放辟邪侈，无不为己。其意是有一定的财产收入的人，才有一定的道德观念和行为准则，没有一定的财产收入的人，便不会有一定的道德观念和行为准则。假若没有一定的道德观念和行为准则，就会胡作非为，违法乱纪，什么坏事都干得出来。

2. 依法推动改革进程

法治是改革的压舱石、发展的助推器，法治化水平在很大程度上决定着改革的命运、发展的结果，改革的核心就是制度创新。法治和改革如同车之双轮，鸟之双翼。在整个改革过程中，要高度重视运用法治思维和法治方式，发挥法治的引领和推动作用。当前改革的重心仍然是经济体制改革，经济体制改革的核心问题是处理好政府和市场的关系，使市场在资源配置中起决定性作用，使政府更好地发挥作用。对于如何发挥市场在资源配置中的决定性作用和更好地发挥政府的作用，"三张清单"给出了答案。"权力清单""责任清单"和"负面清单"制度，不断厘清政府与市场、社会的权力边界，将政府权力运行的全过程逐步纳入法治轨道，以润物细无声的法治精神与制度建设，推进改革从政策推动向法治引领转变。"三张清单"背后的逻辑其实就是用制度限制权力、激发活力、鼓励创新。只有划清权力的边界，权力才不会被滥用；只要解除市场的束缚，企业创新就会更加有活力。

"负面清单"即"法不禁止皆可为"，让市场主体从"笼子"中解放出来。过去很长一段时间内，企业要想上项目、搞经营得先去找政府主管部门层层报批，如此一趟"马拉松"跑下来，"黄花菜都凉了"，创业创新的心也冷了。通过设定"负面清单"，政府明确规定哪些经济领域不开放，除了清单上的禁区，其他行业、领域和经济活动都许可，企业创新的活力自然就会迸发出来。

"权力清单"即"法无授权不可为"，倒逼政府行为更加规范。政府的权力来自人民的委托和法律的授权，政府行使权力应该在法律规定的范围内，如果没有法律的授权，政府是不能随意行使权力的。"权力清单"把政府能干什么清清楚楚、详详细细地列出来，凡是清单中有的政府可以干，清单上没有的政府就不能干，着力解决政府干预过多问题。

"责任清单"即"法定责任必须为"，促使政府积极作为。"责任清单"要解决三个层面的问题：①管什么？明确政府的责任，那就是要种好"责任田"，当好"服务员"，积极作为。②怎么管？要创新完善政府管理方式，不能只靠事前审批，而要加强事中和事后监管，使行政系统从动辄运用行政自由裁量权的"管制型政府"行为模式逐步向提高优质服务的"服务型政府"行为模式转变。③管不好怎么办？要有问责追究的制度。针对目前实践运行当中产生和发现的一些问题，"责任清单"可以起到很好的纠偏作用。

3. 依法引导社会正能量

引导人的行为有三种方法：道德说教、政府干预和制度规范。道德说教缺乏约束力，政府干预代价高，干预过多会有损个人自由，而人性用制度引导更有效。规则设计要兼顾人的本性和社会性，既讲"义"又讲"利"，通过有效的约束机制和科学的激励机制，引导利己之心做有利社会之事，最大限度地集聚和激发正能量，让法律更"接地气"。早在1776年，英国经济学家亚当·斯密就在其著作《国富论》中指出："我们每天所需的食物和饮料，不是出自屠夫、酿酒师和面包师的恩惠，而是出自他们自利的打算。"所以，法律制度要管用、能解决问题，除了法律规则的权利义务明确、责任条款清晰，同时要有奖励性条款，让法律发挥其引导功能，彰显正能量。例如，2013年3月1日实施的《上海市餐厨废弃油脂处理管理办法》对偷排和偷卖地沟油的行为，加大打击力度，体现了法律的震慑作用；同时，把餐厨垃圾的收费收运制度改为餐厨废弃油脂的付费收购制度，引导和鼓励产生单位诚信经营、合法经营，主动上交餐厨废弃油脂，从源头控制地沟油的产生。

4. 依法维护法治权威

法律的价值在于实施，权威也在于实施。如今我们不缺少制度，不缺少纪律，缺少的就是执行，缺少的是按制度办事，缺少的是把制度做细做实，缺少的是让制度去管人管事管权。我们要严格执行法律，强化责任追究，不能让制度成为"纸老虎""稻草人"。所谓"纸老虎"，是软的、没有刚性约束力的东西；所谓"稻草人"，则是做摆设的、形式主义的东西。党纪国法不是摆设，不能没有约束力，它必须是刚性的、有实效性的，必须做到有法必依，有法必行。

（1）以"热炉法则"破解"破窗效应"

"热炉法则"源自西方管理学家提出的惩罚原则，它的实际指导意义在于有人在工作中违反了规章制度，就像碰触一个烧红的火炉，一定要让他受到"烫"的惩罚。与奖赏之类的正面强化手段相反，"热炉法则"属于反面强化手段，强调惩处的预先示警性、即刻性和彻底贯穿性。我们可以通过强化法律的惩处功能，如"热炉"一样，让所有触摸者、违法者即刻受到明确的严厉的处罚，绝不能形成"破窗效应"，从而重塑法律权威。

（2）严格执行规则，不能随意突破规则

"严格"是执法应该有的本质属性，"严"即严肃，不允许"执法折扣"，"格"则是法律边界、行为规范。适用规则，应遵循上位法优于下位法的阶位原则和法制统一原则，合法合理适用规则处理事务，不能以个案的特殊性否认法律的普遍性，即使适用规则眼前会产生不尽如人意的结果，也不能以需要解决问题的特殊性排斥规则的普遍性，更不能以"下不为例"为借口突破规则。否则，就会破坏人们的行为预期，社会就会无序。因此，对于反复出现的普遍性问题，要摸清情况、找准症结，通过确立政策措施、完善制度机制推动解决；对于个别的偶发性问题，要依据既定规则厘清权利义务关系，明确责任归属，逐项研究解决；对于疑难的复杂性问题，要善于挖掘、运用现有的法律资源以及其他资源，综合系统地来处理问题、化解矛盾。

当然，除了用刚性的制度维护法治权威之外，树立法治权威还在于领导干部要做尊法学法守法用法的模范。领导干部作为法治实践的组织者、引领者、示范者，自身带头了、做好了，就能以上率下，带动全体人民弘扬法治精神，积极投身于法治中国建设的伟大实践中。正所谓："其身正，不令而行；其身不正，虽令不从。"人人敬畏制度，人人履行义务，就会在全社会真正形成用制度规范行为、按制度办事、靠制度管人的良好机制。

三、实践转化功能

思维、理念来自实践，同时又对实践产生引导和助推作用。思维是行动的先导，思维方式影响甚至决定着行为方式。习近平同志指出："领导干部要把对法治的尊崇、对法律的敬畏转化成思维方式和行为方式，做到在法治之下，而不是法治之外，更不是法治之上想问题、做决策、办事情。"当前，一些领导干部主要缺的不是"情为民所系"的情商，也不是"利为民所谋"的智商，而是"权为民所谋"的法商——不善于运用法治方式解决现实中的实际问题，无法适应国家治理和经济社会发展的需要。

法治思维实际上是将法治精神、法治原则、法治理念和法治要求运用于具体社会问题，对其进行分析和判断，并形成决策的过程。法治思维能力决定了法治实践的能力。

（一）法治思维的预期功能

1.合法性思考下的理性判断

法治思维作为一种规则思维，强调通过既定的明确的规则告诉人们哪些可为（权利）、哪些不可为（义务）、如何为（程序），以及行为后果（法律责任），从而实现法的指引、评价、预测、教育、惩罚功能。法律是可预期的，也是可兑现的。"明确性"是其基本理性，既定的明确的规则是判断是非对错的标准。所以说，合法性思考作为法治思维活动得以开展的前提条件和出发点，成为发挥其预期功能的最佳途径。法律为人们提供明确的行为预期，有利于人们做出理性判断。

目前，"合不合法、合不合程序"已经成为绝大多数领导干部办事决策考虑的主要问题，但是很多时候"完成指标和上级指示"也是一条难以逾越的鸿沟，当上级命令与法律相悖时，到底按法办，还是按上级领导意图办，确实难以抉择。下级服从上级是公务人员的职责，是组织得以有效运转的必要因素，否则会破坏国家机构的统一和办事效率，严守法律也是公务人员的法定义务，这一职责和义务又不允许公务人员服从上级的违法命令。在现实体制中，盲从情况不在少数，况且法律也有自身的限度，存在诸如条文缺乏灵活性、法律使用成本高等缺陷，不如政策或者上级指令来得灵活、实用。于是，有些领导干部在决策和执行过程中，"只唯上，不唯法"或"依政策，不依法"，法律往往是"说起来重要，干起来次要，忙起来不要"，处于被边缘化的尴尬境地。盲目服从的事例在我国屡见不鲜。在城管执法、暴力拆迁、环保执法等行政违法现象比较集中的领域内，公务人员往往盲目执行"指令"，无视法律权威，盲从导致了许多悲剧发生。

为摆脱这种两难困境以及化解潜在风险，我们应该为公务人员提供一个稳定的、持续的、可预见的行为模式和交往规则，引导其审慎地做出理性选择，使个人选择纳入整个法律制度当中。

一是《中华人民共和国公务员法》（以下简称《公务员法》）通过施加个人责任的方式，提高公务员的预测能力，引导其审慎地做出理性选择。《公务员法》第六十条规定："公务员执行公务时，认为上级的决定或者命令有错误的，可以向上级提出改正或者撤销该决定或者命令的意见；上级不改变该决定或者命令，或者要求立即执行的，公务员应当执行该决定或者命令，执行的后果由上级负责，公务员不承担责任；但是，公务员执行明显违法的决定或者命令的，应当依法承担相应的责任。"该法从制度规范上较好地解决了公务员对行政命令的服从问题，但是合理界定服从边界以及责任，仍非易事。

二是十八届四中全会完善了干部选拔和考核制度，从源头上解决了"唯命是从"还是"唯法是从"的问题。《中共中央关于全面推进依法治国若干重大问题的决定》明确规定："把法治建设成效作为衡量各级领导班子和领导干部工作实绩的重要内容，纳入政绩考核指标体系。把能不能遵守法律、依法办事作为考察干部的重要内容，在相同条件下，优先提拔使用法治素养好、依法办事能力强的干部。对特权思想严重、法治观念淡薄的干部要批评教育，不改正的要调离领导岗位。"发挥干部选拔"指挥棒"和干部考核"风向标"的作用，引导领导干部依法办事。当然，让发出错误指令者承担相应责任，让每一种行政行为都要承担相应风险，倒逼领导依法决策，也可减少下级盲从的可能性。例如，2009 年 6 月 30 日，中共中央办公厅、国务院办公厅印发的《关于实行党政领导干部问责的暂行规定》明确提出：党政领导干部在行政活动中滥用职权，强令、授意实施违法行政行为，或者不作为，引发群体性事件或者其他重大事件的，就将被问责。

2. 法治精神下的行为预期

法治思维作为一种规则理性，通过既定的明确的规则来解决具体问题，"明确性"是其基本理性，同时它又是一种自然理性，要求不得违反自然法则，不得违背社会良知，不得损害公序良俗等。任何人都不能以"听从命令"为借口，逾越道德伦理的底线。法治思维的预测、判断功能，不仅是以法条为依据的形式判断，更是以法治理念、原则精神为准则的实质判断。绝对服从的公务人员宛如生产线上的机器，只是机械地执行法律和上级命令，不去考虑法律的实质内容和价值，哪怕上级命令严重侵犯人权，也不会有良心的不安。德国思想家阿伦特用"平庸的恶"来评价这样的官僚：他们是一群不能控制自己行为结果的盲目的服从者，他们并没有根本的作恶动机，但是他们丧失了对善恶是非的思考能力，处于一种无思的状态之中，他们接受被赋予的一切行政任务，并坚决地按照上级的指令去执行，并以服从命令作为推卸个人责任的借口。

一个具有通常判断能力和知识结构的公务人员，应该遵循法治精神和一定的标准，对上级命令的违法性进行判断，解决现实生活中的具体问题。这些合法性标准应既立足于现行法律规范，又超越了现行法律规范，应包括：第一，以人权保障和公平正义原则等实质法治为标准。如果一般理性人认为上级命令已经达到对公民人权的侵犯，上级命令则构成明显违法，执行了上级命令就要承担责任。第二，对当事人能力和知识的判断，既要考虑一般的社会经验和社会共识，也要考虑行政的专业性和知识性。第三，应结合具体的情势来判断上级命令的违法程度。

（二）法治思维的实践功能

法治思维是以权利和义务、权力和责任为逻辑主线的思维方法。领导干部要善于运用法律逻辑分析问题，即坚持以事实为依据，以法律为准绳的原则，以权利和义务、权力和责任相统一作为分析框架，去思考、分析、解决问题。法治思维能力是一种法的逻辑分析能力，领导干部具备这种能力，对于提升依法治理实践能力至关重要。

1. 法理与情理：分析问题的逻辑顺序

中国传统社会是重情理的社会，思考问题、做出评判时，首先考虑的是情理，思考问题的逻辑顺序是"情、理、法"。即把为人处世的伦理常识作为评价善与恶的标准，这种"理"是人们内心认同且自我约束的、标准模糊的、评判善恶的行为规范。但所谓的"情理"并无统一尺度，于是就会出现所谓的"公说公有理，婆说婆有理"。现代社会的"法理"基础显然比所谓的"情理"基础更为重要。

现代社会更侧重于以法律规则来调节问题，思考问题的逻辑顺序是"法、理、情"。法治思维的"理"讲的是法理，即把法律的基本原则、精神和规则作为评判是非曲直的标准，这种"理"是人们公认的、预期明确的、具有国家强制力的、人人普遍遵循的行为规范，是评判是非的准绳。当法理与情理发生冲突时，领导干部一定要跳出道德思维，选择用法理去分析、解决问题。即在法律的框架内，理性地分清法律关系，依据法律的规定来妥善地化解纠纷和矛盾。

假设每个人都从相对模糊的道德观来对明确生效的法律规定做出否定性评价的话，颠覆的是整个法治秩序。领导干部要准确把握分析问题的逻辑顺序，由"情、理、法"向"法、理、情"转变，绝不能以情代法，应把合法性作为思考的前提，用法律的逻辑去分析和解决问题，这样才能分清是非曲直。

2. 权利与义务：分析问题的基本方法

法律设定了各种权利、义务，权利、义务就是法律主体"可以为""不得为"的依据。法律关系就是权利与义务的关系。所谓法治状态，无非是法律设定的权利得到了保障和尊重，法律设定的义务被充分履行。法治思维，必然包含权利与义务思维的内容。对于执法、司法机关而言，对权利的尊重、保护，就是法治思维的表现，蔑视、侵犯其权利，就不是法治思维。所谓执法、司法，实际上就是以权利和义务为线索，裁定某主体是否享有某种权利、是否应履行相应的法律义务。权利和义务考量是无条件的和必须考虑的核心因素，而其他因素的考量都是有条件的和相对的。

3. 事实与证据：解决问题的基本依据

法治思维是一种证据思维，是以事实为依据，以法律为准绳的思维方法。它要求崇尚法治、尊重法律，善于运用法律手段解决问题和推进工作。这里的"事实"指的是法律事实，是一种用证据证明的客观事实，它是法治思维的立足点，其强调对事实问题做出"当然而不是想当然"的真与伪的客观判断。法律事实与客观事实基本是一致的，但是有时差别巨大。例如，甲某借了乙某的钱，这是客观事实，但是乙某没有任何证据加以证实，且甲某不承认，这就不存在法律事实，结果乙某的债权难以实现。

不同的法律事实会引发不同的法律关系，在处理纠纷时，要依据相应的法律加以调整。例如，在行政法律关系中，应适用行政法来调节。行政法主要是用来控制公权力的，故在行政诉讼中，举证责任主要在被告，由行政机关举证。在民事法律关系中，应适用民法来调节，民法主要是用来保证私权利的，故在民事诉讼中，举证原则是"谁主张谁举证"。

因此，领导干部要不断提高法律判断能力和法律运用能力，善于运用法律解决改革发展中的各项问题，创造良好的社会法治环境。领导干部在解决纠纷，尤其是面对有些群众诉求确实具有合理性，但不具有合法性时，既要关注客观事实，又要关注法律事实；既要善于做群众的思想教育工作，又要善于做群众的法律解释工作；既要以情感人，又要以法服人，坚持在法律允许的范围内合理解决问题，满足群众的正当需求。

第三章 法的价值思维

价值属于表征主体与客体之关系的范畴，其指客体的属性对于主体需要的满足程度。按照奥地利法学家汉斯·凯尔森的观点，依据一般有效规范对一种事实行为所做的应当是这样或不应当是这样的判断，就是一种价值判断。法的价值通常有三层含义：一是指法所促进、保护和力图增进的价值，如自由、秩序、公平、正义、效率、和平等这些价值可称为法的"目的价值"，是法所追求的目标和理想；二是指法本身所应具有的良好品质和属性，如法的理性、公开性等，这种法的价值可称为"形式价值"；三是指在不同种类的价值之间或同类价值之间发生冲突时，法应当用何种标准来进行评价和协调。

关于法的形式价值和价值冲突的评判，后面会有专门论述。本章主要阐述法的目的价值。概括起来，法的目的价值有下列六项：自由、公平、正义、秩序、效率（效益）、和平。但诚如美国统一法学代表人物博登海默所说的："就法律控制的目的而论，越来越清楚的是，平等、自由、安全和公共利益都不应该被假设为绝对价值，因为它们都不能孤立地、单独地表现为终极和排他的法律思想。"

第一节 法的终极价值：自由

德国哲学家康德说过："自由是每个人据其人性所拥有的一个唯一的和原始的权利。"英国哲学家洛克宣称："法律的目的并不是废除或限制自由，而是保护和扩大自由。"博登海默这样忠告："在一个正义的法律制度所必须予以充分考虑的人的需要中，自由占有一个显要的位置。要求自由的欲望是人类根深蒂固的一种欲望。"可以说，整个法律和正义的哲学体系就是以自由观念为核心而建构起来的。

一、法律以个人自由为基点

自由被古希腊人看作最高道德价值，所以，法律与自由是一致的，城邦的要素就是在法律之下的个人自由。古罗马政治家西塞罗就有一句名言：为了得到自由，我们才是法律的臣仆。马克思强调："自由就是从事一切对别人没有害处的活动的权利。每个人所能进行的对别人没有害处的活动的界限是由法律规定的，正像地界是由地标确定的一样。"法律需要以自由为基点，即以自由为其存在的基础；反之，自由需要以法律为尺度和后盾。自由主义代表人物哈耶克将自由置于其理论体系的核心地位，提出了"法律下的自由"理念。他认为，自由与法律相互联结，自由离不开法律的保障，法律的目的是保障自由的实现。英国学者米尔恩对"法律下的自由"做了深入的阐述："法律下的自由的权利属于一般的自由权，它只受服从法律的一般义务的限制。它也是一项豁免权。"

公民自由是法治的终极价值目标。这也就意味着，不能为了其他目标而放弃或牺牲自由。

法律要尊重个人的尊严和人格独立，尊重个人生存和发展的愿望。在马斯洛需求理论中，最高层次的需求是精神自由与终极价值关怀、理想信念的实现，这是法治追求的目标。具体来说，其一，法的权利是为自由而设定的，法的义务也是为自由而设定的；其二，法的授权固然是对自由的确认，法的禁止也应是为确保自由而设立的，离开了自由，法的授权、禁止都失去其本身的价值；其三，法的制定要以自由为出发点和归宿，以自由为核心，法的实施必须以自由为宗旨。

二、法典是人民自由的圣经

马克思有段关于自由与法律的名言："法律不是压制自由的手段，正如重力定律不是停止运动的手段一样。……恰恰相反，法律是肯定的、明确的、普遍的规范，在这些规范中自由的存在具有普遍的、理论的、不取决于别人的任性的性质。法典就是人民自由的圣经。""哪里的法律成为真正的法律，即实现了自由，哪里的法律就真正地实现了人的自由。"

人有追求自由的本能，即有一种按照自己意愿生活的"生物性的自由"追求，所以自由是人生来就有的属性。但自由具有两重性：一方面，自由是一种由若干权利组成的客观化的实体；另一方面，它又是由若干主观因素构成的一种抽象形态。客观自由来自人的社会性，即人有合群性的一面和自主性的一面，是这两者的统一。这种自由意味着，当我行使我的自由时，他人也有权利行使他的自由。因此客观自由不存在绝对自由。上升到法治层面，自由就是个人与个人、个人与社会之间的一种权利与义务关系，即一个人在社会中享受应有的自由的权利时，也应当承担责任或履行义务。法律作为自由的尺度，能确定自由的范围，即边界，其本质上也就意味着对自由的限制。正是从这一点上，卢梭说："人是生而自由的，但又无往不在枷锁之中。"

考察历史可以轻易地发现，自由从来就不是绝对的、不受限制的。18世纪的启蒙思想家几乎都是自由主义的拥护者，但没有一个把自由解释为"随心所欲"或"想干什么就干什么"，从霍布斯到洛克，从孟德斯鸠到卢梭，都严守着这条思维路径：自由必须有个合理的限度，超过这个限度，就不再是国家法律保护的范围。法国思想家孟德斯鸠的一段话可称得上是经典的总结："政治自由并不表示愿意做什么就做什么。在一个国家里，也就是说，在一个有法律的社会里，自由仅仅是一个人能够做他应该做的事情，而不被强迫去做他不应该做的事情……自由是做法律所许可的一切事情的权利；如果一个公民能够做法律所禁止的事情，他就不再自由了，因为其他的人也同样会有这个权利。"

法国政治家罗伯斯庇尔认为，法的自由应受多重限制：一是正义的限制；二是他人权利的限制；三是自然的限制。他对自由的定义："自由是人所固有的随意表现自己一切能力的权利，它以正义为原则，以他人的权利为限制，以自然为原则，以法律为保障。"

法治的价值既要保障和实现自由，同时又要使自由具有一个明确的、强硬的限度。概括而言，法律对个人自由的限制有以下几条准则：其一，促进自由权利人的利益，但禁止其利用自由进行自我伤害，如禁止赌博、吸毒、决斗等；其二，禁止在行使自由时侵犯他人的相同自由和其他权利；其三，自由的行使必须体现个人利益与社会利益、国家利益的统一，应当有利于或至少无害于社会、集体和国家。如我国《宪法》第51条规定，"中华人民共和国公民在行使自由和权利的时候，不得损害国家的、社会的、集体的利益和其他公民的合法的自由和权利。"

三、积极自由与消极自由

在各种自由观中，最有影响的要数英国牛津大学社会和政治学教授柏林的积极自由和消极自由。

其一，消极自由。这是一个古老的概念。在拉丁语中，自由意味着从束缚中解放出来。在罗马法中，自由被定义为"凡得以实现其意志之权力而不为法律所禁止者是自由"。消极自由观由三个命题组成：个人不能没有自由；自由不能不受限制；对自由的限制本身不能不受限制。

消极自由观认为：第一，自由就是不受他人的干预。"法律的沉默"范围越大，给主体留下的活动空间越多，主体就越自由。这一意义的自由就是英国政治家霍布斯以来流行的自由观。第二，限制自由是因为存在着与自由的价值同等或比自由价值更高的价值，如平等、正义、幸福、文化、安全等。这是洛克和孟德斯鸠的自由观。第三，必须保留一定绝对的不受侵犯的自由领域，保留人们发展他的最基本的自由能力、追求其理想的必需条件。所以，对限制自由的本身必须加以限制。消极自由观探讨的是自由控制的范围问题。

其二，积极自由。积极的自由观来源于主体要成为自己的主人的愿望，即自身的生活和活动取决于自身的选择，而绝非取决于某种外在的力量。古希腊的斯多葛学派就持这种观念，他们声称奴隶与宝座上的皇帝一样自由。

积极自由观包括两种形态：一是精神避难，它是指在外部强制因素面前退却，避免与之正面冲突，以获得所谓精神上的自由。因为其在精神上是自治的。二是自我实现，它指获得自由的唯一真正办法，是运用普遍的理性，认识什么是必然的，什么是偶然的，以根据对必然性的认识支配自己。积极自由观探讨的是自由控制的来源问题。

各种形式的积极自由观最终都导致一个不自由的结论：积极自由观所追求的自由是虚假的自由、不切实际的自由，只有消极自由观追求的自由才是真实的自由。

区分积极自由与消极自由的实践价值是让人们更清楚地认知法对自由的限制。博登海默因此说："法律始终是增进自由的一种重要力量，与此同时也是限制自由范围的一种重要工具。"

四、法只能为自由而限制自由

法治的实现意味着"自由的法律"向"法律的自由"转化。

马克思对此有很精辟的阐述。他说："法律在人的生活即自由的生活面前是退缩的。""只是当人的实际行为表明他已不再服从自由的自然规律时，这种表现为法律的自由的自然规律才可以强制人重新成为自由的人。"

法治所保障的自由，本质上就是法律"尺度"下的自由。这种"尺度"，既是针对公民的，更是针对法律本身的，即法律本身应具有一种对自由限制的"尺度"。这个"尺度"有以下几条准则：其一，法律对自由的限制及其标准必须是公开的、明确的。其二，限制自由本身不能成为限制的目的。其三，法律对自由的限制应当保证最低程度的自由，如应确保和满足个人作为社会成员的基本自由权利（如必要的生活自由、确保生命健康和安全、政治权利的保障等）。概括而言，"法律的自由"来自被规范行使的"自由的法律"；法律只能为了自由而去限制某种自由。

五、法律限制自由之证成

自由是一种终极价值。所以对自由的任何限制，无论是通过直接的刑法，还是通过其他的法律，都需要证成，即要说明限制自由的理由和条件。这既是法律哲学家提出的要求，也是立法者难以回避的棘手问题。西方哲学家提出过许多理论来证成法律对自由的限制。有代表性的包括：伤害原则、法律家长主义和冒犯原则。

（一）伤害原则

伤害原则是"伤害别人的原则"的简称。这一原则是由英国思想家密尔最早提出来的，并得到后人的进一步发展。密尔是西方历史上著名的自由主义政治哲学家，他于1859年发表的《论自由》一直被后人奉为经典。密尔主张给予个人最大可能的自由。但他也承认，如果允许一个人随心所欲，必将引起伤害。因此，政府干预人们的某些行为是必要的。为此，他将人的行为分为自涉性行为和涉他性行为。前者只影响自己利益或仅仅伤害到自己，后者则影响别人利益或伤害到别人。其中，只有伤害到别人的行为才是法律检查和干涉的对象，未伤害任何人或仅仅伤害自己的行为不应受到法律的惩罚。简言之，社会干预个人行动自由的唯一目的是（社会）自我保护。只有阻止对别人和公共利益的伤害，法律对社会成员的限制才具有合理性，并可以被证成。这就是著名的"伤害原则"，又被称为"密尔原则"。关于伤害原则需要注意以下几点：其一，密尔所说的"伤害"，不仅指直接的对个人的伤害，而且指间接的或扩散的社会伤害，如空气污染、损害公共设施、引起社会骚乱等。其二，这个原则并没有规定限制自由的充分条件，因为对别人的某些伤害可能太小，不足以平衡限制自由所引起的伤害或危险。只有由法律阻止的可能的伤害大于由法律所引起的损害，那个立法才是合理的。密尔的伤害原则在西方影响巨大。一百多年来，它一直是英美等西方国家的政府所采取的主要标准。

（二）法律家长主义

法律家长主义亦称"父爱主义"。其基本思想是，禁止自我伤害的法律，即家长式法律强制是合理的。所谓家长式法律强制是指为了被强制者自己的福利、幸福、需要、利益和价值，而由政府对一个人的自由进行的法律干涉，或者说是指强迫一个人促进自我利益或阻止他自我伤害。家长式法律强制自古有之。在西方，随着"法律社会化"运动的出现，此类法律强制越来越多。在中国，传统的"包青天"文化意识，使政府和民间都对这种家长式的法律强制有认同感。

这类法律强制有如下特点：其一，家长式法律强制不仅用来阻止自我伤害，而且也用来产生或促进自我利益。前者如禁止使用毒品的法律，后者如强制接受普及义务教育的法律。其二，家长式法律强制很少是绝对家长式的，大部分有非家长式的因素，因为自我伤害的行为很可能对他人产生第二性的有害影响。如控制毒品使用、安全驾驶、限制参加危险性体育活动等法律强制，都属于这种性质。其三，从家长式法律强制中受益的人不一定总是自由受到限制的人。例如，医生要获得许可才能开业，受益者是可能的病人。有时候自由受到限制的人和利益受到保护的人是同样的，例如，法律要求驾驶和乘坐小汽车的人必须系安全带。据此，法律家长式强制又可分为两种：纯粹的和非纯粹的。前者的自由受到限制的人同时也是利益受到保护的人；后者除了限制受益者外，还限制其他人的自由。

法律家长主义受到密尔等学者的批判，但这种批判并不具有完全的说服力。

（三）冒犯原则

冒犯原则是由美国法学会提出的。其基本思想是，法律禁止那些虽不伤害别人却冒犯别人的行为是合理的。所谓"冒犯行为"是指使人愤怒、羞耻或惊恐的淫荡行为或放肆行为，如人们忌讳的性行为、虐待尸体、亵渎国旗等。冒犯原则所涉行为难以由伤害原则证成，因为它们并不构成对他人的伤害。但这种行为公然地侮辱公众的道德信念、道德感情和社会风尚，因此必须受到刑事制裁。冒犯原则把应受制裁的不道德行为仅限制在公然的不道德行为的范围内。

第二节 法的内在价值：公平

公平是法治所具有的内在因素和重要价值。诚如古希腊哲学家亚里士多德所说，公平为百德之总。法治就是尽可能使社会各个成员获得充分的自由和最大限度的公平的一种制度。但法治意义上的公平并非平均主义式的公平，它是个人自由与公平的社会分配同时并存的一种平等，它是以承认社会成员间的自然差别为前提，注重缩小社会差距的一种公平。

人为什么要寻求公平感，即平等感呢？博登海默分析了其中的心理根源：

人的平等感的心理根源之一是人希望得到尊重的欲望，即一种法律待遇平等的愿望；另一种心理根源是人不愿受他人统治的欲望，所以要推进法律保障自身权利的平等。对交换对等之平等的要求，很可能源自一种均衡感，这种均衡感在人们所关注的其他领域，如审美领域也是颇为明显的。

西方法理学一直关注的一个问题是自由与平等的冲突问题。在静态上，由于自由和平等都是抽象的理想，因而它们是兼容的与和谐的。但从动态看，由于人们之间自然力量（智力和体力）的天然不平等，更由于人为的或社会的不平等，自由活动的结果更不平等，这就出现了自由和平等的冲突。早在20世纪初，英国哲学家索利就指出，自由与平等很容易发生对立，因为自由的扩大并不一定会促进人类平等。一个把不干预私人生活确定为政府政策之主要原则的社会制度，可能会产生高度不平等的社会形式。另外，绝对地强调平等，则可能抹杀发展人的才华的那些因素，而这种才华对于人类文明进步是大有裨益的。所以，必须建立能够使自由的理想与平等的理想协调起来的社会政策。

罗尔斯注意到了这种冲突，他将自由和平等（公平的主要内涵）结合起来，认为平等的正义观由两个基本原则构成：其一，每个人都将具有这样一种平等权利，即和他人的同样的自由并存的最广泛的基本自由；其二，社会和经济的不平等应这样安排，使它们被合理地期望适合于每个人的利益，并且地位和职务对所有人开放。第一个原则为"最大的均等自由原则"，第二个原则为"差异原则"。两者的次序是，第一个原则优先于第二个原则。其意味着，自由只有因自由本身的缘故才能被限制。概括起来说，前者就是"无差别"的平等保护，是一种绝对的平等；后者则是"按比例"的倾斜保护，是一种相对平等。只有在自由的基本权利实现的情况下，才能考虑经济社会权利的平等问题。最终目标是实现真正的公平。

米尔恩把公平概括为"比例平等"原则，其内容包括：①某种待遇在一种特定的场合是恰当的，那么在与这种待遇相关的特定方面是相等的所有情况，必须受到平等的对待；②在与这种待遇相关的特定方面是不相等的所有情况，必须受到不平等的对待；③待遇的相对不平等必须与情况的相对不同成比例。这一"比例平等"原则适用于分配、裁判、评论和竞争四种场合。

然而，对公平的解读是极为多元的，即公平是一个有多种含义的概念。博登海默就说："平等是一个具有多种不同含义的多形概念。它所指的对象可以是政治参与权利、收入分配的制度，也可以是不得势的群体的社会地位与法律地位。它的范围涉及法律待遇的平等、机会的平等以及人类基本需要的平等。"美国当代著名行政法学家施瓦茨也指出："如果说当代公法有一个反复出现的主题，那么，这一主题就是平等，包括种族之间的平等、公民之间的平等、公民与侨民之间的平等、富人与穷人之间的平等、原告与被告之间的平等。"

从中国的实际来看，公平包括权利公平、机会公平和规则公平三种。

一、权利公平

权利公平也就是法律基本权利的平等，即前面已提到的"法律面前人人平等"，也是博登海默所说的"人类基本需要的平等"。

法律上的权利平等的思想，在人类法制史的早期就已萌发：古希腊雅典的立法者和改革家梭伦就主张法律上"不分贵贱，一视同仁"；之后，古雅典杰出的政治家伯里克利也说，"在公民私权方面，法律面前，人人平等"。法律权利平等作为一种法治的基本价值，则是近代资产阶级革命之后发展起来的。"在反对专制制度的斗争中，平等思想是最革命的思想。"因为这是对封建专制等级、特权观念的根本否定。所以法国大革命中社会生活和思想的主潮流是法律平等：《人权宣言》宣称"人人生而平等"；《拿破仑民法典》以"法律面前人人平等"为中心原则。到今天，这一平等概念已经成为几乎所有法治国家在宪法或宪法性文件中都确认的法律基本价值目标。

然而，权利平等并不是一种绝对的平等，而仅限于涉及人的基本权利的分配公平，如生命权、自由权、财产权、受教育权和政治参与权等，所以博登海默将其概括为"人类基本需要的平等"，是颇有见地的。他指出："如果享有实施与执行法律职能的机关能够使赋予平等权利同尊重这些权利相一致，那么一个以权利平等为基础的社会秩序，在通向消灭歧视的道路上就有了长足的进展。"在基本权利之外，法律还赋予特定的人以特定的、倾斜式保护的权利，对这个权利，应该称之为"适用法律面前人人平等"，即后面要阐述的"规则公平"。关于权利公平（基本权利的平等）与规则公平（法律待遇的平等）之间的关系，博登海默是这么论证的："一个社会在面对因形式机会与实际机会脱节而导致的问题时，会采取这样一种方法，即以基本需要的平等去补充基本权利的平等；而这可能需要赋予社会地位低下的人以应对生活之境况的特权。"

二、机会公平

机会公平与米尔恩所指的竞争的"比例平等"相似，博登海默称之为"交换对等之平等"，即在交换交易中，人的正义感在某种情形下会要求允诺与对应允诺之间、履行与对应履行之间达到某种程度的平等。机会公平是与市场经济体制和机制相适应的，是一种"经济人"而不是"身份人"的公平，旨在让所有人都有发挥才干、靠自由的劳动和智慧创造财富的机会。但结果可能不是绝对公平的。

美国著名的法理学家罗纳德·德沃金把平等视作最高的社会价值，把平等置于优越地位。他提出了"资源平等"的概念，可以理解为与市场经济相关联的机会平等相似。他所谓的"资源"，其实是指个人私有财产。他不提倡社会中所有的人都应当分派到一个均等份额的可以获得的商品。他希望通过市场经济的手段来达到"资源平等"，其意指任何人都没有理由去嫉妒任何其他人所得到的或控制的财产。所以他认为，政府绝对不能以有些公民因值得更大的关注而应得到更多的东西为理由，不平等地分配商品或机会。德沃金因强调机会平等而否定作为补偿正义的倾斜式保护的法律待遇平等的做法，是值得商榷的。

罗尔斯不赞同简单的"机会均等"原则，而提出了"公平的机会均等"理论，其含义是要求社会和经济的不平等与职位相连，而职位在公平的机会均等条件下对所有人开放。其目的是要尽量地将不平等减少到最低程度，使大家在竞争的出发点上平等。这可能包括一些福利上及教育上的特殊措施。例如，假定有甲乙两人，想获得同一份工作。这工作需要特殊的技术训练。两人的自身基本条件相同，但甲因家庭极端贫困而无力支付训练费，而乙家庭富裕能支付训练费，按照形式的机会均等，无疑是乙获得就业机会，但罗尔斯的公平的机会均等原则要求社会提供制度上的财政安排，使甲也有机会接受训练，以保证甲不会因出身低收入家庭这一事实而丢失得到工作的机会。

可见，公平其实是个很多元的、很复杂的概念。社会常常为起点公平、过程公平和终点（结果）公平而争论不休。起点公平看似是种绝对公平，但结果并不一定是公平（相同）的，因为同样的教育，智商不同的人的学业成果会有天壤之别。竞争者开始时都是平等的，但竞争的结果亦会不平等，有些人的自由增加了，有些人的自由减少了。而新一轮竞争时就无平等可言了，因为许多人已输在起跑线上了。终点（结果）公平看起来是绝对的公平，但若按照不同人的自然需要来说，也可能是不公平的，因为每一个人的经历、生理、性别、年龄不同，其需求（包括物质的需求和精神的需求）也可能是不同的。所以，绝对的平均主义是不足取的。那么，从平衡效率与公平的角度来衡量，机会公平是以效率和激励为主的一种公平观，它与当下我们建立社会主义市场经济体制的需求是相匹配的。

三、规则公平

美国最高法院的建筑物上刻着一句话"在法律之下实现平等的正义"。法律上的公平应该有两种含义：一是法律视为相同的人，都应当以法律所确定的一致的方式来对待。任何人没有特权。法律规则把人、物和事件归于一定的类别，并按照某种共同的标准对其进行调整。从这个意义上说，法律待遇的平等是实现了"凡为法律视为相同的人，都应当以法律所确定的方式来对待"。二是对于人类因出身、天赋和受教育等不同而受到的不公平待遇，法律应当加以补偿来实现正义，而不能默认这种不公平而产生事实上的歧视。所以，法律规则的公平本身就包含着对弱势群体的倾斜保护，即博登海默所说的"法律待遇的平等"、罗尔斯所称的"补偿正义"。正如罗尔斯说的："所有的社会基本善——自由和机会、收入和财富及自尊的基础——都应被平等地分配，除非对一些或所有社会基本善的一种不平等分配有利于最不利者。"核心是最后一句话：对有利于最不利者（弱者）的不平等分配是可以被接受的。罗尔斯主张将较多的精力、财力、物力和人力用于资质较差的人的教育，便是这种倾斜保护理念的体现。教育科研工作者陈新民也指出："按平等权并非要求所有的对象都应享受同样的法律关系，毋宁是'相同的，相同对待；不同的，不同对待'。应分别区别适用对象的不同属性而做'合理'的区分。"米尔恩的"比例平等"和裁判的"比例平等"都属于规则公平的范畴，"那些需求较大的人应该得到较多，较强壮的人应该承受较重的负担"。

需要关注的是，规则公平有一个必要的前提，就是规则本身是体现上述两种公平的。如果规则本身未体现公平，那执行的结果也不可能是公平的。这反向要求立法的公平与科学，尤其需要加强和完善社会保障与特殊群体保护领域的民生立法，使倾斜性保护有规则可遵循。

第三节　法的普遍价值：正义

正义是指以一种正当的分配方式达到一种理想的社会秩序。古罗马的《查士丁尼民法大全》提出了由乌尔比安首创的著名的正义定义："正义是使每个人获得其应得的东西的永恒不变的意志。"古罗马政治家西塞罗也有类似的表述。博登海默总结："正义的关注点可以被认为是一个群体的秩序或一个社会的制度是否适合实现其基本目标。满足个人的合理需要和主张，并与此同时促进生产进步和提高社会内聚性的程度，就是正义的目的。"正义历来被看作人类社会最基本的美德和普遍的价值理想。

"正义"，从汉语字义上讲，包含正当、合理、应然的意义。法的正义，其含义可从法的字源看出。在拉丁文中 Jus 即法，Justitia 即正义、公平，它是由 Jus 演化而来的；汉语中现在的"法"字由古体字"灋"演变而来。可见，中西方在解释"法"时都兼有正义、公平之含义。但正如博登海默所说的："正义有着一张普罗透斯似的脸，变幻无常，随时可呈不同形状并具有极不相同的面貌。"

在柏拉图看来，正义意味着"一个人应当做他的能力使他所处的生活地位中的工作。"古罗马法学家乌尔比安这样描述正义与法律的关系："法律的箴言是这样：过诚实的生活，不伤害任何人，给予每个人他自己应有的东西。法学是有关人的和神的事物的学问，是有关正义和非正义的学问。"无论是在柏拉图式的基督教的传统中，还是在其他文化中，正义一直被认为是一种高级的法，而且社会中的实在法也应当与其相符合。"正义本身也存在着一种辩证关系：它包含着个人权利与社会共同体福利之间的紧张关系。"在美国法学家伯尔曼看来，"实现正义一直被宣布为是法律本身的救世主理想，它起初（在教皇革命中）与末日审判和上帝王国相联系；然后（在德国革命中）与基督教徒的良心相联系；稍后（在英国的革命中）与公共精神、公正和过去的传统相联系；再后（在法国和美国革命中）与民意、理性、人的权利相联系；最晚（在俄国革命中）与集体主义、计划经济和社会平等相联系。"

关于法和正义的关系，有两种代表性观点：一种观点认为法为正义奠定原则基础，提供正义的标准和尺度。英国政治家霍布斯认为，人们把自己的权力转交给了主权者，所以人们自己是实际上的法律制定者，离开主权当局的命令，不可能有是非，有正义与非正义。另一种观点认为正义为法奠定原则和基础，是衡量法的好坏的标准。正义是法的内容和法的尺度，如恶法就不是法。罗尔斯就认为，正义创造法，法依附于正义。从法哲学的角度来考察，正义有以下几种分类。

一、一般正义与特殊正义

在亚里士多德看来，正义是一种善，是一种品质。具体而言，正义是指实施正当的行为，以正当的方式行事。他将正义分为一般正义（也有译为普遍正义）与特殊正义（也有译为个别正义）。一般正义是指正义之根本和全体，指人们遵守体现城邦共同利益的法律；特殊正义又叫政治法律正义，是正义的一种特别表现形式，是指社会经济利益关系中要实现个人分配的平等。在特殊正义中，又存在着规范国家与公民关系的分配正义和规范个人关系的矫正正义（也有译为补偿正义）两种类型。分配正义考虑的是每个人各得其所，即根据个人的功绩和优点来分配职位和财富等可欲之物，可见，分配正义是以承认人天生智力和体力不平等为前提的，这可以称为几何的平等；矫正正义又叫平均正义，强调的是任何人都同样对待，平均分配权利。从矫正正义的观点看，"究竟是好人欺骗了坏人还是坏人欺骗了好人，这无关紧要，通奸者是好人还是坏人，也无关紧要；法律所关注的只是伤害本身的特点，并将双方视作同等，是否一方不公而另一方受到了不公，是否一方造成了伤害而另一方受到了伤害"。即强调矫正正义是一个程序原则，而不是一个伦理原则。

二、实质正义与形式正义

当代美国哲学家罗尔斯的正义论是战后最系统、最有影响的正义理论。他把正义分为实质正义与形式正义。实质正义又叫具体正义，是指社会制度本身的正义，指根据优点、工作、需要、身份和法律权利来对待每个人，它着眼于内容和目的的正义性；形式正义又称诉讼正义，即有规则地和无偏见地实施公开的规则，在适用于法律时就成为法治。形式正义实质上是一种抽象正义，它是指法律和制度公正地执行，而不管其实质原则和内容是什么，强调对法律原则的坚持、对法律体系的服从。实质正义又可称为实体正义，其是以制度正义为前提的，在于通过对实体权利与义务的安排，为社会提供一种秩序，使人们都能发挥自己的才能，享有自由、平等、安全等权利。形式正义又可称为程序正义，其实际上是一种社会冲突解决的正义，要求没有偏私，公平对待，程序一旦启动不受任何不正当力量的干扰，坚持公正标准，促进纠纷解决，而不仅仅是把它们了结，是保证实现制度正义的方法。因此，程序正义是实现实体正义的前提，没有程序正义的保障就没有实体正义的实现。另外，程序正义还包括法的正当程序，如日本法学教授季卫东所指出的："程序的本质特点既不应该是形式性，也不应该是实质性，而应该是过程性和交涉性。"美国法学家萨默斯也认为，程序正义特别表现为独立存在的程序价值。美国的辛普森案就是最生动的印证。同样的，在哈耶克看来，真正的正义是以形式规则为基础的非人格正义，因而，只有形式正义才能被视为正义。

比利时布鲁塞尔自由大学法哲学中心主任佩雷尔曼对形式正义理论有过系统的阐述。他把至今最流行的正义概念归纳为六种：对每个人同样对待，即一视同仁；对每个人根据优点对待，即与人的内在品质相称的待遇；对每个人根据工作对待，即与人的行为结果成比例的对待；对每个人根据需要对待，即只考虑每个人及他的家庭必须得到满足的最低限度的需要，其最接近慈善的概念；对每个人根据身份对待，即贵族政治的正义概念，根据属于哪一类人分别对待；对每个人根据法律权利对待，即适用国家的法律规则，把同一法律规则适用于同样的情况。佩雷尔曼认为，正义总是意味着某种平等，这是从亚里士多德以来全部正义概念的共同思想。从这里可以引申一个形式正义的概念，即要求以同一方式对待人，正义就是同等待人。他由此把形式正义解释为"一种活动原则，根据该原则，凡属于同一基本范畴的人应受到同等的待遇"。他指出，形式正义属于抽象正义。要适用形式正义，首先要确定基本范畴，以便把具有共同特征的人归类。其次要确定对属于同一基本范畴的人执行正义的标准，这涉及世界观、价值观，因而属于具体正义问题。在上述六个正义概念中，第一个正义概念可以被看作形式正义，其余五个属于具体正义。佩雷尔曼的形式正义方法论与康德的道德普遍律的方法论颇为相似，即"不论做什么，总应该做到使你的意志所遵循的准则永远同时能够成为一条普遍立法的原理"。有学者推论，佩雷尔曼的形式正义论很可能来自康德的普遍道德律。

三、个人正义与社会正义

个人正义是指个人具有的美德。"在这里，正义被理解为个人符合道德的姿态。它要求每一个人都要按照道德的善和要求，诚实可信地扮演社会角色并完成其社会任务。作为美德的主观正义也被称为正直或正派。"这种正义常常表现为"私力救济"。社会正义即社会基本结构的正义，基本表现为"公力救济"。社会基本结构的正义是首要的正义，其内涵就是社会体制的正义。所谓社会体制是指一整套的主要的社会制度、经济制度、政治制度、法律制度，亦即主要的社会制度进行基本权利和义务分配的方法。社会体制的作用是把各种主要的社会组织一体化，在社会成员之间界定和分配利益与责任。罗尔斯是社会正义论的代表人物，他有句至理名言："正义是社会体制的首要价值，就像真理是思想体系的首要价值一样。"因为社会结构对个人的生活起着渗透的、自始至终的影响。它构成个人和团体的行为发生的环境条件；关于人的行为公正与否的判断，往往是根据社会基本结构的正义标准做出的。也就是说，社会正义的标准是判断个人行为正义与否的依据。

罗伯特·诺齐克的资格正义论则与罗尔斯的社会正义论形成鲜明对比。诺齐克的资格正义论是一种持有正义，包括三条原则：①一个按照获取正义原则获得某项持有的人，有资格得到该项持有，此为"获取原则"；②一个按照转让正义原则从对某项持有有资格处分的另一人那里获得该项持有的人，有资格得到该项持有，此为"转让正义"；③除非适用（再适用）原则①和②，否则人们无资格得到一项持有，此为"矫正正义"。诺齐克的结论是，如果按照获得、转让与矫正原则，某人有资格得到其持有物，那么他的持有就是正义的。

如果每个人的持有都是正义的，那么持有的总体状况就是正义的。诺齐克的资格正义论与罗尔斯的社会正义论的显著区别在于：社会正义论及其他正义论都以由某个社会权威统一分配资源为前提，而资格正义论则假定社会财富是由众多个人分别持有的，个人持有的正义决定社会总体持有的正义。罗尔斯的社会正义论反映的是福利国家的正义观，而诺齐克的资格正义论反映的是自由市场经济的逻辑，一切社会资源都在个人之间流动，国家不要加以任何干预。所以，从某种角度来说，诺齐克所主张的也是一种个人正义。

当然，个人正义也是一个有广泛内涵的概念。个人正义即私力救济，在现实生活中应当发挥其应有的功能和作用。尤其是对于个人的消费行为而言，如何懂得依法维护自身权益，及时发现和抵制侵犯自身作为消费者的权益的行为，是个人应有的权利和义务。只有社会正义与个人正义相得益彰，才是法治社会的应有局面。

四、正义与法的价值之关系

有观点认为，正义不是法的一项价值，而是所有价值的整体和抽象。笔者认为值得商榷。正义对于整个社会而言，可能不是一项价值，而是价值的综合体，具有绝对性和普遍性的一面。但对于法律而言，其形式法治的特性决定了只关注正义的相对性、具体性的一面，这就是亚里士多德所说的特殊正义和罗尔斯所说的形式正义。法治对正义的价值都指向具体的个人利益而不是根本和全体利益。博登海默这样评价：罗尔斯的正义理论，是在分析正义之含义时试图将自由与平等这两种价值结合起来的又一种努力。自由只有因自由本身的缘故才能被限制，如果实现社会的和经济的平等的主张不可能使所有人的自由总量得到增加，那么，这些主张就必须让位。在罗尔斯的正义观里，主要有自由、机会均等和差异原则三个分概念，它们之间存在着优先次序：自由原则占第一位，机会均等原则占第二位，差异原则占最后一位。在后两个平等观念之间，机会均等原则应当优先于差异原则。如不能因使穷人的孩子享有更多的教育条件而限制富家子弟在这方面的机会。

有国内学者对法律所要遵守的正义原则做了归纳："法律应该遵守正义原则的价值内容包括：法律在整体意义上的合道德性；法律承认利益差别，体现各个利益群体的利益要求；重视社会利益的前提下，尊重个人价值。法律应最大限度地实现自由；法律应是平等适用和平等待遇；等等。"凯尔森认为，合乎正义的秩序既不是指实现个人的幸福，也不可能实现大多数人的最大幸福。这种分析是有深度的、十分独到的。哈耶克则认为，正义观念是法律的必要基础和限定性条件。什么样的规则才是公正的？答案很简单：整个公正行为规则体系才是正义的，单个规则正义与否要在整个体系内检验，要依赖于整个规则体系，因为它内含法的精神，这是发现新规则、消除既有规则冲突的基础。简言之，能够协调行为、减少冲突、有效保障内部秩序的规则就是公正规则。

概而言之，如果说公平注重的是平等保护的话，正义则与之相配合，更注重对个人特殊利益的倾斜保护。"对平等地位的人平等对待，对地位不平等的人根据他们的不平等给予不平等待遇，这是正义。使一些政治和经济物质的拥有者在不同的程度上占有的多些，另一些人占有的少些，这也合乎正义。"而公平和正义相结合，则构成对公民具体利益的全方位保护。美国哲学家艾德勒认为，自由、平等、正义是人们指导行动的三大观念。对这三者的关系，他主张正义是独立的、至上的。因为在这三者中，只有正义是无限制的好事，而自由和平等尽管都是好事，但都不是无限制的。而从长远看，如同在科学中，旧的真理可能不得不让位于新的真理。在法律方面，旧的正义必须让位于新的正义。

第四节　法的基础价值：秩序

秩序，是指"有条理，不混乱"。秩序是人类生存的条件，也是人类发展的要求。从一定意义上说，法本身就是为建立和维护某种秩序而建立起来的。法为秩序提供预想模式、调节机制和强制保证。

秩序是与无序相对应的。博登海默对秩序与无序有这样的阐述："秩序概念，意指在自然进程与社会进程中都存在着某种程度的一致性、连续性和确定性。另外，无序概念则表明存在着断裂（或非连续性）和无规则性的现象，亦即缺乏智识所及的模式——这表现为从一个事态到另一个事态的不可预测的突变情形。"美国法学家伯尔曼则指出："可以认为秩序本身存在着一种内在的紧张关系：它需要变革又需要稳定。"

法律意义上的秩序，兼具实质性和形式性两种含义。实质意义上的"法律秩序"，主要是指一种安宁、和平、有序的社会合法状态；形式意义上的"法律秩序"，主要指法律必须具有一定的稳定性、连续性以及法律规范之间的相互协调性。

一、秩序是法律的基础价值

法没有不为一定秩序服务的。在法律的诸多价值里，秩序只能说是基础性价值。因为：①寻求安全是人类的基本需要之一。马斯洛的需求层次理论以及其他心理学家的研究结果都表明，在一个缺乏安全保障的社会，人们要取得充分的发展是不太可能的。法具有组织社会、调节社会的意义，而社会首要的是建立起最必要的人际秩序，使人与人能够和平地共处。②人们在谋求社会进步的时候，必须注意到社会发展的连续性、协调性和相对稳定性，以期实现社会变迁的顺利进行。"休克疗法"被证明在社会变革中的代价太大。③法是阶级社会的产物，是阶级社会建立阶级统治秩序并维护阶级秩序的工具。任何统治的建立都必然意味着一定统治秩序的建立。④秩序是法的直接追求，其他价值是以秩序价值为基础的法的企望；没有秩序价值的存在，就没有法的其他价值。

社会秩序是指人与人之间的各种社会关系的制度化和规范化。社会秩序是人类社会特有的现象，它源于人们的各种社会交往活动和因此而结成的各种社会关系，并维持这种社会关系和社会交往行为的正常、有序进行。与自然秩序相比，社会秩序是主观性与客观性的统一、稳定性与变动性的统一、历史性与现实性的统一，并且具有很强的目的指向性。而法律从它产生的那天起就天然地与社会秩序取得联系，其本身就是社会秩序的化身，体现、确认和保护着一定的社会秩序。

正是因为法律与自然秩序和社会秩序这种与生俱来的联系，法律的价值取向与秩序价值的天然趋同性，发展到后来则结合形成了一个新的概念——法律秩序。

二、自然秩序与社会秩序

通常情况下，秩序可分为自然秩序和社会秩序。自然秩序是指一个独立于人类行为之外的秩序系统，它是自然界的物质运动、变化和发展的规律的直接体现，其由两个要素构成：自然物及其运动规律。物质运动规律只有凭借着宏观的物质系统才能体现出来，所以自然秩序与规律存在着一系列的联系和共同特征，但不能等同。法律秩序的本质是对这种自然秩序进行认识和把握，并很好地利用，为人类服务。但生态文明的理念告诉我们，不能仅仅为了服务人类而违背自然规律和自然秩序，盲目地过度地消费资源和改变环境。否则，自然会加倍地报复人类。

三、"自生自发的秩序"与"人造的秩序"

哈耶克根据"进化论的理性主义"与"建构论的唯理主义"认识论框架，把社会秩序类分为不是生成的就是建构的。前者是指"自生自发的秩序"，后者是指"组织"或者"人造的秩序"。

在哈耶克看来，在任何一个规模较大的群体中，人们之间的合作都是以自生自发的秩序和刻意建构的组织为基础的。一方面，人类社会中存在着种种有序的结构，但它们是许多人的行动的产物，而不是人为设计的结果。在一种社会秩序中，每个人所应对的特定情势是那些为他所知道的情势。但是，只有当个人所遵循的是那些会产生一种整体秩序的规则的时候，个人对特定情势所做的应对才会产生一种整体秩序。在这种自生自发的秩序中，我们可以经由确定一些形成这些秩序的因素来确定它们的抽象特征，但是我们却不得不把具体细节留给我们并不知道的情势去决定。如果要达至社会的自我协调，社会秩序的参与者就必须共有某些规则并严格遵循之。另一方面，对于诸多内容明确的任务来说，组织是促使我们进行有效合作的最有力量的手段，因为它能够使那种作为结果的秩序更符合我们的愿望。但组织的规则必定依附于命令，而且只能调整命令所未规定的事项。

哈耶克强调，政府作为一种组织，必须致力于实现一系列严格限定的且明确无误的具体目标；然而，只有当我们从这个规模最大的组织转向整个社会的整体秩序的时候，才会发现一种完全依凭规则且在性质上完全是自生自发的秩序。正是由于现代社会的结构并不依赖于组织而是作为一种自生自发的秩序演化发展起来的，所以它才达至它所拥有的这种复杂程度，而且这种复杂程度也远远超过了刻意建构的组织所能够达至的复杂程度。可见，哈耶克的结论是，虽然我们构建了复杂的人为规则体系，但面对更加复杂的社会现实，仍离不开自生自发秩序的功能发挥。

四、法律秩序与法治

亚里士多德说："法律是秩序，但是好的法律才会创造好的秩序。"对于法的秩序的界定，有两种见解：

第一种，是把法的秩序等同于法或法律制度。如凯尔森把法的秩序看作法律规范的等级体系或法律规范的总和。根据《牛津法律大辞典》的解释，法律秩序是从法律的立场进行观察，从其组织成分的法律职能进行考虑，存在于特殊社会中的人、机构、关系原则和规则的总体。法律秩序和社会、政治、经济、宗教以及其他的秩序共存。它被当作具有法律意义的有机的社会。

第二种，是把法的秩序定义为法实现的结果。苏联法学家雅维茨就认为："法律秩序是社会关系的这样一种状态，它是法律规范和法制实际实现的结果，保证社会所有成员无阻碍地享受赋予他们的权利，并且也履行他们的法律义务。""法律秩序能够被看作法律的实现的终点。"

我国长期以来基本采用第二种定义，即把法的秩序界定为法的实现结果。《中国大百科全书·法学》的解释："法律秩序是在严格遵守法律的基础上形成的一种社会秩序，它必须以实行法制为前提，而法律的确立则是实行法制的前提。"

法律秩序作为一种特定的社会秩序形态，有以下几个特点：其一，法律秩序是最为完善的一种社会秩序状态。自人类产生以来，社会秩序至少存在过四种形态：习俗秩序、道德秩序、制度秩序和法律秩序。法律秩序是其中最为发达和最为完善的形态。

其二，法律秩序是在法律规则作用基础上形成的良性社会秩序。社会规则是社会秩序的内核，是社会秩序的实际内容。而法律规则是对社会秩序的"应然"反映和固化。当法律规则能落地为法律秩序时，一定是符合预期的良好的社会秩序。

其三，法律秩序必须以国家权威机关的存在为前提，以国家强制力为后盾。除了有成文法典或判例形式表现的法律规则体系外，法律秩序离不开国家立法机关和执法机关来保证和维护。

其四，法律规则的可预见性保障了法律秩序的稳定和完备。因为法律规则多是成文的、相对稳定的和可预见的，使得法律秩序具有规制性、计划性和可预测性，能推动社会秩序沿着既定的方向和轨道发展。这是别的秩序形态不具有的。而上述这些特点，正是法治的应有之义。法治要最终表现为一种法律秩序。

五、法律秩序的特性：强制性

法的秩序价值，总体而言，都是通过法的社会控制得以实现的。而狭义上的社会控制，是指社会、国家、社会群体等对偏离法律规范的越轨行为所采取的法的限制措施及其限制过程。在凯尔森的眼里，法就是一种强制秩序。当制裁已在社会上组织起来时，对破坏秩序所适用的灾祸就在于剥夺所有物——生命、健康、自由或财产。由于所有物是违背他本人意志而被剥夺的，所以这种制裁就具有一种强制措施的性质。……凡设法以制定这种强制措施来实现社会所希望有的人的行为，这种社会秩序就被称为强制秩序。哈贝马斯对现代法律的理解："法律规范必须具备这样的形式，即在不同的场合能同时被看作强制的法律和自由的法律。"

法律秩序是法律规范价值实践和实现的结果。它表现为社会生活的基本方面已经法律化和制度化，社会成员和社会组织都有明确的权利和义务，每个法律主体都忠实地履行法定义务，积极而正确地行使和维护法律权利；有条不紊、充满生机的社会秩序在法律秩序的基础上得以建立。可见，秩序价值在法律价值中是比较特别的一种价值，如果说其他法的价值对公众意味着是权利的话，秩序价值对公众来说则更多的是义务，是不妨害公共秩序和他人自由的义务。罗尔斯也认为："自由可以因公共安全和秩序而得到限制，因为公共秩序的维持是实施任何自由所不可缺少的先决条件。"也正因此，秩序被概括为法的基础性价值。

第五节　法的经济价值：效率（效益）

效率，从汉语词义理解，是指"单位时间内完成的工作量"。有的法律学者将效率与效益相提并论，经考据，效益指"效果和利益"。法律上的效率和效益都是从经济学中引申过来的。而经济学中的效益是指"经济活动中实际取得的符合社会需要的产出（成果）大小与活劳动和物化劳动消耗（或占用）大小的比较"，即指有效产出减去投入后的结果。从中推理出，在法律范畴，效率与效益的内涵是基本一致的。

法的效率或效益价值主要体现为：一方面是实际效果的优化，即法律通过为人们提供适当的行为模式，争取最优化的实际结果；另一方面是社会代价的减少，即法律通过为人们设定最经济的行为方式，减少不必要的资源浪费，以及人力、时间和知识的无谓支出，以最少的投入获得最多的回报。

一、资源利用效率与资源分配效率

法的效率或效益价值，首先表现为对自然资源的利用效率（效益）。法通过调整对自然资源的利用方式，以提高自然资源的利用效益。自然资源包括土地、河流、山脉、矿藏和森林等。这些资源具有不可再生性或难以再生性，而人类的生存和发展又离不开对这些资源的高度依赖。所以，法律要对这些资源的利用注入效率和效益的评价机制。法律对生态文明的保障就是这一理念的具体体现。

法同时也调整社会资源的分配，以提高社会资源的利用效率和效益。社会资源的种类有很多，包括权利、义务、政策、信息、机会等，但其相对需求而言，仍是有限的，很多情况下是供求不平衡的。因此，对社会资源的分配，平等是一个极为重要的价值准则，而离开了法治，就难以避免分配中的无序和不公正的出现。为了使社会资源分配始终公正和具有最大效用，法是必不可少的分配规则、调节机制、制度保障和行为规范。

二、经济效益与社会效益

促进生产力的发展，是法的重要的目标。而经济效益是生产力水平的重要表现，是衡量生产力水平的最重要的客观标准。所以，衡量经济立法的好坏，要看其能否提高经济效率和效益，促进市场经济的繁荣，保障公平交易和交易安全。也就是说，经济效益本身就是法的效益的体现。

与经济效益相对应的是社会效益，其外延十分广泛。我们平时经常讲的坚持法律效果、政治效果和社会效果的统一，其中的社会效果与社会效益具有相同的含义。

关于这两者之间的辩证关系，中共中央党校政治部主任卓泽渊分析认为，法的经济效益价值和社会效益价值，共同构成效益价值。在二者并不矛盾的时候，任何一方的增加都是有效益价值的，都应该被肯定。但当二者矛盾时，就必须注意：完全忽视经济效益的法，即使有一定的社会效益，其效益价值也是值得疑虑的。但完全否定社会效益的法，即使很有经济效益，也不能在整体上说是有效益的，因为在获得经济效益的同时失去了社会效益，法的效益价值也就因此而大打折扣。

三、效率优先与兼顾公平

效率与公平之间有一种天然的紧张关系，甚至会产生冲突。如何平衡公平与效率，一直是一个重大的法理学课题。美国的经济分析法学家波兰斯基用假定的例子说明公平与效率的一致和不一致情形：假定一个团体的人们要分配一块蛋糕。这一分配有公平标准和效率标准两个目标。如果蛋糕按照平均分配的方式分割，就不存在公平与效率的冲突，因为蛋糕越大，每个人所得份额就越大。但如果采用分配给有制作能力和经营方法的人较大的份额的不平等方法，效率和公平之间就会出现冲突。

效率与公平的不平衡甚至冲突问题，在我国也是一直困扰着人们。在改革开放前，公平一直占据着主导地位，平均主义长期盛行，导致效率低下和社会个人的普遍贫穷。进入改革开放和现代法治建设进程之后，"效率优先，兼顾公平"的理念被推行，并成为有广泛社会共识的响亮口号。在这个理念的指导下，经济和社会发展的速度明显加快，但也带来了为了效率而部分牺牲公平的问题，如在城市旧区改造过程中，为了拆迁的速度而未兼顾好被搬迁居民的利益的现象是客观存在的。所以，在党的十六大提出全面建设小康社会的新目标，进而提出要让全体人民分享改革发展的成果之后，"效率优先，兼顾公平"的口号开始受到质疑，大家普遍的心态是，不能为了效率而继续牺牲公平，由此引起一场各界人士（包括政治学、社会学、行政管理学和法学等方面的工作者）广泛参与的大讨论。有学者甚至提出应该把口号倒过来，改为"公平优先，兼顾效率"。经过大半年的讨论和争论，最后在领导层和学界达成共识："坚持效率优先，更加注重社会公平"，这是针对我国现阶段的国情做出的正确的回应。我们还不能放弃效率这一价值目标，而且仍要优先于公平。不能只讲分蛋糕的公平而不再讲如何做大蛋糕的效率，否则只会坐吃山空。正如英国学者拉斐尔所说：效益是一个普遍承认的价值，依据效益标准分配财富是"值得的"。如果资源是稀缺的，就应该分配给能够使有限资源价值极大化者。

第六节　法的社会价值：和平

哈耶克将自由、正义、和平认定为文明的必要基础，并认为政府必须提供并促成这三种伟大价值，因为它们是人类行为及相互关系的内在要求。

和平，意味着社会成员之间没有激烈的冲突。在人类努力建构有序且和平的国家组织中，法律一直起着关键和重要的作用。法律是社会中合理分配权力、合理限制权力的一种工具。一个社会体的法律制度会建立某种机制，以调节这个社会单位中不同成员间的冲突。

和平，意味着没有战争和不使用武力解决争端。按照霍布斯的观点，主权者所应关注的基本自然法是在任何能够实现和平的地方维护和平，在和平遭受危险的任何时候组织防御。他认为，保护生命、财产和契约的安全，构成了法律有序化的最为重要的任务；自由和平等则应当服从这一崇高的政治活动的目标。

和平，意味着人们懂得用非暴力的方式表达意见、表示抗议以及对公权力进行抵抗，而不采取暴力的极端方式表达不满。应该像"占领华尔街"行动那样，用游行、示威、静坐等合法的方式表达对政府的抗议，而不应像"伦敦骚乱"那样，用打、砸、抢的暴力方式宣泄。

和平，意味着人们学会用第三人居中裁决的法律方式解决纠纷，达成协议。古希腊诗人海希奥德认为，法律是建立在公平基础上的一种和平秩序，它迫使人们戒除暴力，并把争议提交给仲裁者裁断。凯尔森指出："只有这样一种法律秩序，它并不满足这一利益而牺牲另一利益，而是促成对立利益间的妥协，以便使可能的冲突达到最小的限度，才有希望比较持久地存在。只有这样一种法律秩序才能在比较永久的基础上为其主体保障社会和平。"

博登海默专门分析了法律对于促进和平的功能："无论在国际舞台上还是在各国的内部事务中，法律的目的都是要起到一种制度性手段的作用，即用人际关系的和平形式去替代侵略性力量。昔日的人类发展史清楚地表明，迄今为止，法律在遏制有组织的群体内部的斗争方面要比在控制这种群体之间的战争方面更为行之有效。"

第四章　法的理性思维

法理思维，即法的理性思维，也可理解为依赖法理学的原理进行的路径思维。法理思维的本质是对法律规律和本源的一种理性认识，它要回答法律从哪里来、到哪里去、为了什么目标、解决什么问题等本体论范畴的问题。所以法理思维在法治思维的结构体系中处于高端，和价值思维一样，亦属于"道"的范畴。

第一节　法与理性

理性，即指运用明确的、抽象的、可算度的推演"规则"和"程序"，而非依靠直觉、情绪、传统或常识来解决问题。博登海默说："理性是人用智识理解和应对现实的（有限）能力。"

但"法理"一词在我国大陆现有的法学教材、词典里几乎未曾有过正式的定义。大致有以下几种不同含义：一种是表达"法律的原理或精神"；另一种是等同于"法律学说""法律理论"；还有一种是表示"法律上通常的正当的道理"。法学教授孙笑侠将法理概括为"一种能反映一国社会规律的、体现本国传统的、在法治实践中被公认了的正当的法律原理"。

古罗马法学家西塞罗指出："法律是最高的理性，从自然生出来的，指导应做的事，禁止不应做的事"，"这种理性，当在人类理智中稳定而充分地发展了的时候，就是法律"。

马克斯·韦伯通过对人类社会法律理性演变过程的剖析，将法律理性抽象概括为四种"理想类型"：

其一，形式非理性。即法的创造和发现，并不是通过一般性的规范引导出来的，而是通过超越理性控制的各种方式（神明裁判、神谕等），以及在礼仪上采用形式主义程序进行的。这种非逻辑分析的过程，其立法和司法的结果是不可预测的。

其二，实质非理性。即法的创造和发现，并非通过一般性的规范引导出来的，而是通过一个事例所做的感情评价，完全恣意地决定来进行的，比如衡平。其立法和司法的结果也是不可预测的。

其三，形式理性。以形式主义为特征，主要重视在诉讼程序上的明确要件标记。法律形式理性化，主要表现为法律规范逻辑意义上的严格性与确定性——在实体和程序两个方面都具有确凿的、一般性的事实。其立法和司法的结果有较大的可预测性。

其四，实质理性。通过打破外在形式主义或逻辑的形式主义的逻辑性、功利性、政治性、合目的性原理，对法的创造和发现给予决定性明确；它遵循意识形态整体的原则（道德、宗教、权力、政治等），而非法律本身。其立法和司法的结果具有一定的可预测性。比如德国的自然法理论、美国的实用主义法学以及实质意义上的自然法，都具有这种特点。

在这四种法律理性的模式里，韦伯推崇的其实是形式理性。他认为，法律理性的最高发展层次是"逻辑形式合理性"。他分析道，形式理性的法律对资本主义的兴起起着重要作用。因为现代资本主义的事业主要基于算度，并以这样的一个法律和行政制度为前提，这一制度的运作，至少原则上可能通过其确定的一般原则而理性地预测，就像对机器的运作的预测一样。因为资本主义的自由市场经济需要可预测的经济收益为制度保障，而形式理性的法治正好满足了资本主义的这一内在需求。

形式理性带有鲜明的工具理性的特点，又可称为技术理性。法律具有自主性，即实体的自主、制度的自主、方法的自主以及职业的自主。实体的自主是指存在一套独立的法律规范；制度自主是指存在独立的司法系统；方法自主是指法律共同体使用的思维方法，如类推、遵循先例等是相对独立的；职业自主是指法律职业者从事法律活动具有自治性，即司法的独立性和司法的权威性。这样一种自主性决定了法治具有一种可以反复复制、预期和推理的工具理性。自成一体的现代法规范是条理井然、包罗万象、结构严谨、内容精密、清晰明确，并无内在矛盾的，由具有高度抽象性、概括性、普遍性的规则组成，这些规范是公之于世的，并由法学家以逻辑推理方法将它们用于各具体的个案之中。此外，这些规范并不是一成不变的，它们既是由专家刻意创建的，又可根据客观形势的需要而修订、改良。

法学家波斯纳对法律的形式理性有独到的理解，他通过对法律规则、科学规律和游戏规则做比较，得出结论："法律和科学都关心正确的结果，而游戏规则的功能是为比较和评价竞赛者的表现提供一个基本框架。然而,法律又不同于科学,法律关心的还不仅是获得正确的结果,它还关心稳定性,为了稳定性,法律会频频牺牲实质正义。"对形式理性,波斯纳做了有力的辩护:"从特殊到抽象是科学的关键,因此在一定意义上,所有的科学,而不仅仅是经济科学,都是形式主义的。……而之所以有如此众多的法官和法律学者都在努力促使法律成为一个形式主义的学科,就是由于真正的形式主义具有的威望。"

但形式理性也存在天然的缺陷。形式理性的缺陷表现在:①依据逻辑而创制的规则,尽管有可能保证规则体系结构的逻辑的严密,但人为的规则总不能穷尽社会丰富多元的情形。列宁就说过:"任何规律都是狭隘的、不完全的、近似的。""现象比规律丰富。"若把人定规则视作对规律的固化,规律的缺陷同样会折射在规则上。②从规则到法律秩序是一个从"应然"到"实然"的转化过程,而这一过程的复杂性、多元性、不可预测性,完全不是逻辑推理那么简单,在许多情况下,是难以百分之百地实现的。③规则是"死"的,生活是"活"的,以静态的规则去适用动态的社会,其滞后性是难以克服的。而要克服这些缺陷,离不开实质理性。

法的实质理性,可以概括为以下几种:自然理性、目的理性和实践理性。

第一,自然理性。自然理性是人的认识对客观规律的尊重和遵循。人的认识能力是能够透过现象看到本质。而法的预期是对人的自然需求的一种理性把握。马克斯·韦伯认为,从自然法的观点看,"自然"和"理性"是合法的实体性标准。两者是同一的,由此产生的规则也是同一的,因此,有关调整实际关系的一般命题和普遍的行为规则均被认为是一致的。人类理性获得的知识被认为与"事物的本性",或人们常说的"事物的逻辑"相一致。根据对法律和伦理的概念所做的逻辑分析而产生的规则,作为"自然法",属于具有一般拘束力的规则,"连上帝也不能改变之",任何法律秩序也不可与之相抵触。

作为新实证主义代表的哈特在坚持实证主义的同时,也表现出向自然法学靠拢的倾向,其集中体现在哈特的"最低限度内容的自然法"命题中,表明法的理性是与人的自然需求相一致的。他提出,人类社会有一个自然目的和五个自然事实。一个自然目的就是生存和继续生存。"人类活动的固有目的是生存,这个假定依据的是大部分人在大部分时间希望继续生存这一简单的、永恒的事实。"五个自然事实包括:①人是脆弱的。人们既可能偶然地向他人进行肉体的攻击,又一般地容易受到别人的肉体攻击。②人类大体上平等。人类在体力上互不相同,在智能上甚至有更大的差别。但任何一个人都不会比别人强大到没有合作还能较长时期地统治别人或使后者服从。所以必须有一种相互克制和妥协的制度，它是法律和道德两种义务的基础。③有限的利他主义。如果说人不是恶魔的话，人也并不是天使，而是处于这两个极端之间的中间者，这一事实使得相互克制的制度既有必要也有可能。④有限的资源。人类需要食品、服装、住所，但这些东西不是无限丰富、唾手可得的，而是稀缺的，必须从自然中获得，或必须以人的辛勤劳动来制造。单单这些事实就使某种最低限度的财产权制度以及要求尊重这种制度的特种规则必不可少。⑤有限的理解和意志力。在社会生活中，人们的相互利益是显然的。大部分人都了解它们，并能牺牲眼前的、暂时的利益以服从这些规则的要求。

第二，目的理性。现代法律以目的理性为基础。目的理性适用于主体与客体之间。当主体把客体作为达成主体的目的之手段或工具时，主体所体现的是目的理性。如：人类以科技驾驭自然，从而创造出丰富的物质文明，便是目的理性的成果。上一章所谈到的法的价值思维，包括自由、公平、正义、秩序、效率、和平等，就是法的目的理性的具体体现。离开这些目的，法就成了无本之木、无源之水，便没有了生命。"通常，规则背后的目的是可以发现的，尽管并不总是可以发现，但一旦发现，这些目的就为在新境况中适用规则提供了可靠的指南。"

第三，实践理性。实践理性涉及确立一个目标，以及选择最适于实现目标的手段。所以，这一术语主要被用来指一种方法论。但诚如波斯纳所言："实践理性并非某种单一的分析方法，甚至也不是一组相关联的方法。它是一个杂货箱，里面有内省、想象、常识、设身处地、动机考察、言说者的权威、隐喻、类推、先例、习惯、记忆、直觉以及归纳。"波斯纳认为："有一个实践理性的机制被人们看低了，这就是把命题交由时间来检验，如果某个命题通过了这一验证，我们就接受这个命题。尽管这一检验标准在审美评价上特别重要，但是在评价事实命题（包括科学命题）甚至法律命题时也会出现。无论是什么，如果多数人都这样认为，它就有可能为真，时间检验标准就是这种观念的精致化。"实践理性强调的是法对人的行为的调节功能，是一种动态的理性。新托马斯主义法学代表马里旦断言，"法学是一门实践科学，因而它的目的是按正义调节人的社会行动；而它的对象是人的行动，是可由理性尺度来衡量因而服从于一种强制力量的人的行动"。马克斯·韦伯专门分析过当事人在法律规范的产生和发展中的作用，指出："各种社会行为都可能早已适应了现有条件；但在条件变化时，人们会感到需要调整自己的行为，以便更有利于当事人的经济和社会利益。在选择的过程中，经调整的行为得以保存，并且最终成为所有人的行为准则。很难说哪个人'改变'了其行为。……这种情况不仅现在是经济上重新定位的渊源，而且存在于所有以某种合理化标准作为生活模式的制度之中。"德沃金认为，法的历史中积蓄起来的许多法律规则、先例等素材与文学作品同样构成一个文本，要求一定的前后照应的连贯性，即所谓的"故事的整合性"。人们对法的这种理解表明，法不是一种过去已经完成的作品，而是与时俱进的待续故事，具有实践性特征；参加法律实践的人既是解释者也是创作者，立法与法律解释的两分法图式是不能成立的。因此，法律解释的对象不是个别的条文、先例以及法规，而是法律实践史的整体性含义。就法律而言，实践理性的特殊意义在于，它可以高度肯定地回答一些伦理的问题。因为，在法律决定中，很经常的情况是，其正确在于政治而不在于其认识力，在于其实用主义而不在于其逻辑。

中国法学界一般都同意这样的一个判断：我国的法律传统历来普遍倾向于重视实体正义，轻视程序正义，也就是缺乏马克斯·韦伯所说的"形式理性"，但最终由于没有程序正义的制度奠基，也并未真正实现实体正义，而是往往陷于"实质非理性"，这是需要防范的，而这种"实质非理性"在现实的公权力运行中其实已有很强烈的表现，如目前最流行的"案结事了"就是这种观念的反映。

第二节　预期—规则—秩序

法律的最小单位是规则。若对规则做一个严格的界定，即规则是关于法律在各门类情况下对群体的人允许或要求什么行为的一般性陈述。所以，法的理性首先要回答的问题是，规则从何而来？如何保证规则的合理？法理学和法哲学都告诉我们，法的规则来自对自然秩序和社会秩序的预期。立法的过程就是一个以规则来表述合理预期的过程。而法的实施或实现过程，便是一个从规则外化为现实秩序的过程，亦即规则从"应然"到"实然"的过程。

一、从预期到规则

法律规则表述合理预期的过程，体现着规则创制的客观性与主观性的统一。这种统一取决于创制者对社会预期的双重特性：一方面，合理的社会预期基于一定的共识性法律事实，法律事实的变迁直接影响着合理预期的范围、幅度与表现方式，共识性法律事实作为社会事实的局部，是对社会行为加以表现的社会现象，社会行为又取决于社会政治、经济、文化环境，这构成社会预期的客观性一面。另一方面，法律规则的创制并非只是纯粹地直接从法律事实中提取社会预期，预期应基于法律事实而又相对超脱法律事实，并形成自己的结构式与价值取向，这又构成社会预期的主观性一面。

法律规则创制（立法）过程中的客观性，是指规则创制活动受外界客观环境制约的情形。这种制约来自自然和社会两方面。一方面，作为法律规则源泉的社会预期逻辑应顺应自然逻辑，即要处理好"天人关系"。人是自然的产物，人类的产生和发展无不受自然规律的支配和制约，所以人类的合理预期永远不可能通过超越自然规律来实现。今天我们对生态环境的自觉保护便是一种新的"天人关系"的觉醒。西塞罗说："依照自然生活是最好的。"马克思也警告人类："我们不要过分陶醉于我们人类对自然界的胜利。对于每一次这样的胜利，自然界都报复了我们。"也就是说，合理的社会预期的逻辑必须与自然逻辑相适应，遵循自然理性。正如法国启蒙思想家孟德斯鸠所说："从最广泛的意义上说，法是由事物的性质产生出来的必然关系。在这个意义上，一切存在物都有它们的法。"另一方面，社会预期逻辑还应顺应社会逻辑。人是有理性的社会动物。社会预期的逻辑必然要顺应社会经验的发展逻辑。社会逻辑是社会经济、政治、文化发展与演变的决定性力量，它直接来源于社会生产力水平。社会生产基本上是由低级向高级发展的过程。因此，法律规则要回应社会发展的逻辑，并要随着社会逻辑的演变发展而做相应的适应性变迁，这样才能保持法律规则与整个社会预期的协调。历史法学派代表人物萨维尼指出，法律是那些内在地、默默地起作用的力量的产物。它深深地植根于一个民族的历史之中，而且其真正的源泉是普遍的信念、习惯和"民族的共同意识"。

但客观地说，人制定的法则与自然法则是有区别的。古希腊的诡辩论者安堤弗就宣称，自然的命令是必然的和不可抗拒的，而法则的命令则是人类专断制定的，是那种因时、因人和因势的变化而变化的偶然的和人为的安排。任何人只要违反自然法则就必然会受到惩罚。但是，如果一个人违反国家的法律而未被发现，那么他就不会受到惩罚也不会丧失名誉。其隐含着一种假设：人所约定的惯例实际上只是对"自然权利"设定的一种桎梏。

法律规则的创制便是对各种社会预期的整合，这既有对公众的经验性社会预期的整合，也有对法学家抽象性社会预期的整合。英国法学家米尔恩提出了"语言规则"和"惯例性规则"两个概念。他认为，语言规则是被发现的，而不是被制定出来的，语法学家只是对那些说这种语言的人已经在做的事进行系统的记录和介绍；而惯例性规则是指习惯规则、传统做法规则和道德规则，它们根源于习惯、传统和道德，并随着后者的变化而变化。米尔恩强调，没有惯例性规则就根本不可能有制定性规则。立法者在对各种社会预期整合的过程中，受着三方面因素的制约：一则，立法者对预期素材的取舍，要不可避免地受立法整合技术的影响；二则，立法者基于其对民意的理解而形成特定的社会预期；三则，立法者本身亦有体现阶层利益的社会预期。因此，最终形成的法律规则，往往是多种社会预期博弈后相互妥协的产物。

哈耶克也认为，规则要以人们事实上承认的正义为基础。因为人们提到正义时总是暗示某个人或某些人"应该"或"不应该"实施一些行为，但是，这种"应该"反过来又以规则的一种认识为先决条件：规则界定一系列境况，在这里，一定行为是被禁止的或被要求的。因此，规则要区分人们在事实上承认为正义或非正义的各种行为。按照这样的立法逻辑，对照现在的立法行为和现象，值得反思的有以下几种并未充分掌握社会预期的"立法"行为：一谓"闭门造法"，即立法过程中不倾听民意，不了解社会接受度，把立法当成几个专门人员的"技术活"，结果一定会存在脱离实际的缺陷；二谓"激情立法"，因为某些突发事件而激发起立法冲动，但其实对立法所指向的社会预期并未充分掌握，违背了立法的理性原则；三谓"盆景式立法"，从立法的技术看，挺完美的，具有较高的观赏价值，但好看不好用，不具有"移栽价值"，在实施中并不能取得应有的普遍性实效；四谓"指令性立法"，指根据领导个人的指令，在未做好立法调研的情况下，片面讲求立法效率，匆忙进入相关立法程序，硬性"创造"法律。

二、从规则到秩序

从规则到秩序的实质是人为制定的法律规范从"应然"状态向"实然"状态转化的过程，同时也是立法者的立法目标实现的过程。当然，这个转化的过程是十分复杂的、难以完全预料的，甚至可以断定是不可能百分之百地实现的。

博登海默对此有较为系统和深刻的分析。他认为，一个法律制度，从其总体来看，是一个由一般性规范和适用于执行规范的特殊性行为构成的综合体。它既有规范性的一面，又有事实性的一面。法律秩序中的规范与事实这两方面，互为条件且互相作用。这两个要素缺一不可，否则就不会有什么真正意义上的法律制度。他进一步具体分析，如果包含在法律规则部分中的"应然"内容仍停留在纸上，而并不对人的行为产生影响，那么法律只是一种神话，而非现实。另外，如果私人与政府官员的所作所为不受符合社会需要的行为规则、原则或准则的指导，那么社会中的统治力量就是专制而不是法律。博登海默得出结论："法律制度是社会理想与社会现实这二者的协调者。根据一般社会经验，我们可以说它处于规范与现实之间难以明确界定的居间区。"从规则到秩序的实现，有几个重要的前提：一是，人们相信这种规则和秩序具有合法性。而这种合法性有赖于执法者和管理者的诚笃，"如果他们到了腐败的地步，那么法律的作用就会遭到削弱，人们就无法指望得到法律的平等保护，也就无法指望利用法律所提供的种种便利"。二是，这种规则应当是回应民众生活，即对人的利益有利，并且切实可行的。德国法学家拉德布鲁赫强调："法律上的效力只能在毫不脱离民众生活实际的情况下才能实现，否则民众就会拒绝服从它。"韦伯也认为："除非某秩序完全是新建立的，秩序中的默认一般是自我利益、传统和对合理性的信念之结合。"三是，这种秩序的遵守必须是社会成员的一种自觉的道德义务。米尔恩指出："一种实在法体系要成为实在，就只有在道德已然是人们实际关注的东西的地方，即在这样一个社会共同体中，这里的绝大多数社会成员承认他们具有道德义务，而且大部分成员能够也愿意履行这些义务。假如没有服从法律的道德义务，那就不会有什么堪称法律义务的东西。所能有的只是以暴力为依托的法律要求。"四是，这种规则必然是符合公序良俗的，即法律规则是对已被现实生活证明属于公共秩序和优良习俗的价值理念的法制化。伯尔曼有名言："法律必须被信奉，否则就不会运作；这不仅涉及理性和意志，而且涉及感情、直觉和信仰，涉及整个社会的信奉。"

三、反思：从明规则到"潜规则"

社会行为一定会形成被一定的人群遵照的规则或准则，所谓"没有规矩不成方圆"。立法所确立的是明规则，期望大家都遵照行使。但现实中客观存在着违背这些明规则甚至反向行使的规则，即"潜规则"，如被媒体广泛议论的"中国式过马路"便是典型情形之一。这不能不说是法律的悲哀。马克斯·韦伯分析道："当违反秩序已成为规则，那么该秩序的效力就变得非常有限，或完全消失。……有效性和无效性之间的渐变，相互矛盾的秩序并存的情况，并不鲜见。秩序的有效性仅仅在于行为者实际上可能根据它来行事。""潜规则"对法律秩序所造成的制度性破坏是十分严重的，甚至会动摇整个法律秩序的大厦，所以需要认真地研究和对待。

笔者认为，在中国产生这种法律意义上的"潜规则"，原因可能有以下几方面：

①立法制定的规则背离法的正当价值，不为社会和民众所接受，自然形同虚设。如一些地方立法中的地方保护主义的规则（如只能消费本地产的烟、酒等），因违背市场经济流通规律而不被市场规则所容忍。

②立法的价值符合自由、公平、正义、秩序、效率、和平等价值观，但预期过高，超出了社会预期所能接受的程度，使相当一部分人不能遵守或不愿遵守，也会产生反向的"潜规则"，如公共场所全面禁烟，在一些地方已有立法规范，但因其要求过高而无法完全实现。

③立法中制度设计的缺陷，使法律规范不具有可行性和可操作性，为"潜规则"的亮相提供了"正当性"的前提。

④规则背离了法经济学规律，违法成本低于守法成本，使违法的"潜规则"有利可图。

⑤立法中不同群体利益的博弈较难平衡，而难以避免地形成一部分人违法行事的"潜规则"，如在养犬行为的立法中，都会面临这样的尴尬局面。

⑥执法不严，行政机关该作为时不作为或缓作为，一定程度上助长了违法的"潜规则"流行。

⑦行政"寻租"，以罚代管、以罚代教而形成的"潜规则"。有些行政管理领域甚至形成了"养鱼执法"的"潜规则"，如对货运超载的违法行为，一罚了之，也不整改，使罚款变相成了"通行费"，以致形成了缴了罚款就使超载行为合法化的"潜规则"。

⑧民众守法意识、守规则意识薄弱，如"中国式过马路"，就是"法不责众"心理效应结下的恶果。

要解决上述产生"潜规则"问题，还要从立法、执法和普法教育多环节入手，提高立法的质量，严格行政执法，加强对公民的教育，从而使立法中的明规则由"应然"变为"实然"，而"潜规则"不再有土壤和市场。

第三节　效力—实效

法的效力和实效是法理学的一对基本范畴，也是法理学界最为关注、研究最为充分的概念。许多法理学大家都对此有专门的研究和见解。

一、法的效力

法的效力是指法律规则具有的约束力，即对其所指向的人们的强制力。说一个法律规则是有效力的，意味着人们应该按照法律规则所规定的行为模式行动，应该普遍服从和适用它。效力是法不可缺少的要素，是法律的一种特性，也是法律秩序的核心问题。

在西方法哲学中，实证主义法学派视法的效力为"逻辑的观念"，即法的效力就是国家的约束力，因而凡是出自有立法权的机关的规则就是有效力的法。自然法学派视法的效力为"伦理的观念"，即法的效力最终是法的道德约束力，因而有效力的法律必须是符合正义的和道德的。社会法学派则视法的效力为"事实的观念"，即法的效力就是法对社会成员的实际的或事实上的约束力，亦即"实效"，因而那些从未对或不继续对社会生活起实际控制和指引作用的法律规则不能被看作真正有效力的法。现实主义法学派则视法的效力为"心理的观念"，即法的效力取决于法对人民施加的心理影响和人民（主要是官员）接受其约束的心理态度。法的效力是从静态法的视角进行审视的，揭示的是法的规则的应然性，意味着法的规则具有天然的约束力；对可能的违法者来说是"约束力"，对执法者来说是"执行力"，对法律监督者（司法等）来说则是判断是非并惩处的依据。

法的效力有属时、属地、属人、属事四则，即法在什么时间、什么地点对什么人、什么事适用。具体包括法的效力层次和法的效力范围。

（一）法的效力层次

法的效力层次也称为法的效力等级或法的效力位阶，是指在一个国家或地区法律体系的各种法律渊源中，基于其制定主体、程序、适用范围等不同而显现出来的不同效力层级。法的效力层次一般遵循如下规则：

①上位法优于下位法。

②特别法优于一般法。

③新法优于旧法。

④法律文本优于法律解释。

（二）法的效力范围

法的效力范围是指法生效的范围，即法在什么时间和什么地点对什么人有效。主要包括三方面的内容：

1. 法的空间效力范围

一般而言，一国法律适用于该国主权范围所及的全部领域，包括领土、领空、领水，也包括作为领土延伸的本国驻外使馆、在域外的船舶和飞行器等。而地方立法则仅在其管辖的行政区域有效。

2. 法的时间效力范围

法的时间效力范围即法何时生效、何时终止以及是否对其颁布实施前的事件和行为有效的问题。其中，法生效的时间存在着三种情况：第一种是自该法颁布之日起生效。这种规则，因为没有考虑执行的准备和民众守法的准备期，有不合理性，所以一般只在特殊情形下才可使用。第二种是由该法规定具体生效时间。实践中存在着颁布时间与生效时间过短而影响实施的准备的情况，所以，现在一般都要求生效时间与颁布时间应间隔一个月以上。第三种是由专门机关决定该法的具体生效时间。这种情形要有三个先决条件：一是立法者客观上无法确定生效时间；二是由立法者明确授权；三是生效时间要通过与立法程序相当的途径事前公布。法的终止时间有五种情形：一是新法生效后原法自动效力终止；二是新法取代旧法同时宣布原法废止；三是法律本身规定的有效期届满而效力自然终止；四是由有关机关颁布专门文件宣布某项或几项法律废止；五是法律完成其历史使命后丧失其存在价值而自然失效。

3. 法的对象效力范围

法的对象效力范围即法适用于哪些人。这里的"人"包括自然人、法人和其他组织。通常而言，法对其本国领土内的一切人和组织都是适用的，依法享有外交豁免权等的外国人或外国组织除外。

二、法的实效

法的实效，是指法律规则事实上得到服从和适用的状态。说一个法律规则具有实效，意味着公众和官员实际地依照法律规则的规定，做其所当做，不做其所不当做。

实效是人们实际行为的一种特性，而不是法律本身的一种特性。法的实效是从动态法的视角去判断的，揭示的是法的规则的实然性。

在实证法学派眼里，"法律规则是有效力的，因此是法律规范"；而在社会法学派眼里，"法律规则是有实效的，因此才是法律规范"。事实上，他们在论证同一问题，又并非在谈论同一问题：实证法学派在谈"法律规范是什么"的问题，而社会法学派却在谈论"法律规范应该是什么"的问题。

法的实效的标志是法律规范得到遵守和执行，而要实现这一目标，前提是该法律规范被普遍认为是符合正义的、合理的，否则是难以取得"实效"的。博登海默认为："宣称一项法律规则有效的目的就在于确保该项法律规则得以有效的遵守和实施。然而，如果许多人都认为该项规则是完全不合理的或非正义的，那么这一目标就无从实现。"所以，"当一条规则或一套规则的实效因道德上的抵制而受到威胁时，它的有效性就可能变成一个毫无意义的外壳。只有用服从正义的基本要求来补充法律安排的形式秩序，才能使这个法律制度免于全部或部分崩溃"。

三、法的效力与实效的相互转换

首先，法律的实施就是一个从效力转化为实效的过程，即从"应然"向"实然"转换的过程。凯尔森认为，从应然到实然的转换需要特定的法律行为或法律事实做中介，这种"转换率"的高低，反映着法律规则所承载的合理预期的比例。凯尔森的结论："法律规则，如果有效力的话，便是规范。"对于这种转换，社会法学派认为，如果法律规则的"效力"值并未达到立法者期望的"实效"值，效力值与实效值之间的距离，即可视为公众或社会的合理预期与立法预期之间的差距，而这种距离与差距就直接反映着规则理性的欠缺程度。

其次，法律规则的效力取决于它所在的法律秩序的实效。实证法学派虽然否认一个法律规则的效力取决于其实效，但他们从规则约束力的宏观视角推理出：整个法律秩序的实效是该秩序的每个规范有效力的必然条件。如果只是个别规范失去其实效，法律秩序并不失去其效力。如果法律秩序的规范总体上是有效的（实际上被适用和遵守），该法律秩序就被看作是有效力的。

马克斯·韦伯指出："秩序的'效力'意义不限于行为过程中由习惯或利益情势决定的规则。公务员每天按时在办公室上班，这不仅是因为例行公事（习惯）或由他的利益情势所定，而且是受一定秩序（提供服务的规则）的效力制约的，因为违反这种作为命令的规则，不仅会带来一定的损失，而且会使自己感到违背了价值——合理性方法中的义务观。"只有行为以某种'公理'为指导，社会关系的内容才能称为社会秩序。只有这些公理起到了指导作用，而且，行为者以履行某种义务或依据某种典范的方式来看待社会秩序，它才是"有效的"。

结论：对法的效力与法的实效的关系，应从法律规则的应然与实然、宏观与微观两个视角去考察。法的实效应以法律规则有其效力为前提；而法的效力的真正实现在于法律规则在总体上是具有实效的，两者应当是辩证的统一。在立法程序中，要注重法的价值的正义性、功能的社会适应性和实施的可操作性；在执法程序中，要注重将法的价值和功能有效实现，使效力与实效实现内在的合一。

第四节　规则—原则—政策

博登海默认为，一个法律制度在指导私人行为与官方行为时所适用的规范，其形式一定是多种多样的。它们可能采取典型的规则形式，这种形式可以被视为规范性控制的方式，其特征是具有高度的精确性、具体性和明确性。它们也可以采取原则形式，即旨在确保公正司法的一般性准则，这些原则所涉范围比规则更广泛，阐述也更模糊；另外，这些原则往往还会遇到各种各样的例外。法律过程有时还受政策的指导，这些政策可以被定义为旨在实现某种明确的社会、经济或意识形态等方面的目标的审判标准。新自然法学派代表人德沃金在批判实证主义法学过程中也提出了"规则—原则—政策"模式。在他的思想中，法律体系中不单有规则，更有"原理"（也可译作原则）和"政策"。"像'合理的''过失''不公平'和'意义重大的'这样的词语经常具有这种功能。这些词语中的每一个都使得载有这种词语的规则本身的适用在某种程度上依赖于这条规则之外的各种原则和政策，而且，正是这种方式使得这条规则本身更像一条原则。"可见，规则、原则和政策是法理思维中十分重要的范畴。

一、法律规则

法律规则是指具体规定权利和义务以及法律后果的准则，或者说是对一个具体的事实状态赋予一种确定的具体后果的各种指示和规定，它是对人们的行为进行指引的准则。法律规则是构成法律的最小单位，即便其必须与整体的法律规则体系保持本质上的一致性，但其依然是个体的，有其固有的特质。

法律是由一整套规则组成的体系。凯尔森说："法是人的行为的一种秩序。一种'秩序'是许多规则的一个体系。法并不是一个规则，它是具有那种我们理解为体系的统一性的一系列规则。"法律规则的载体，既可以是法律文本里的条款，也可以是立法机关或司法机关的法律解释。

哈特将法律规则分成了主要规则和次要规则两类。他认为，法律规则的一个特征是，它是主要规则和次要规则这两类既有联系又有区别的规则的结合。主要规则设定义务，即要求人们从事或不从事某种行为，而不管他们愿意与否；次要规则授予权利（权力）。从某种意义上说，主要规则是主要的，次要规则依附于或辅助主要规则，是"关于规则的规则"。因为根据次要规则，人们可以引进新的规则，或修改、取消原有的主要规则，或决定主要规则的范围或控制其实施。

规则按功能的不同可以分为调整性规则和构成性规则。调整性规则的功能是控制人们的行为，使之符合规则概括出来的行为模式。这种行为已先于规则存在。调整性规则与哈特的主要规则同义。构成性规则的功能是组织人们按照规则授予的权利（权力）去活动。这种规则先于由它构成的活动，即构成性规则是能够从事由这些规则所构成的活动的必要条件。其与哈特的次要规则同义。

在法律体系中，规则的优点和独特功能包括：其一，微观的指导性，即在规则所覆盖的相对有限的事实范围内，可以为人们提供确定的行为指南；其二，可操作性，亦即可适用性，只要一个具体案件符合规则假定的条件，执法人员或法官即可直接适用该规则；其三，确定性和可预测性，即人们在做出行为选择之前就可以知道自己行为的结果——受到何种法律保护或者受到何种法律制裁。

二、法律原则

德沃金曾说："我们只有承认法律既包括法律规则也包括法律原则，才能解释我们对法律的特别尊敬。"

原则，来自拉丁语，其语义是"开始、起源、基础"；在法学中，原则是有关个人（或由若干人组成的集团）的权利、正义或公平的要求，或其他道德方面的要求。法律原则是指那些可以作为规则基础或本源的综合性、稳定性的准则，一般是指对大量较具体的法律陈述进行统一说明、论证和解释的普遍性规范，这种规范可以作为法律适用过程中法律推理的权威前提。

法的原则实际上源于正义原理，是人类理性的产物。德国的行政法学家哈特穆特·毛雷尔指出，法律原则因其一般性而不能适用于具体案件，但它们可以构成有效的实在法律条款的法律基础。这些法律规范在行政法领域里即成为一般行政法原则。就其表现形式而言，原则是有"分量"的，原则之间存在着互相衡量或平衡的可能，有些原则比另一些原则有较大的分量。

法律原则有如下特点：其一，从形成过程看，法律原则有的是对习惯的确认，有的是对公序良俗的确认，大多作为法律的不成文渊源存在。其二，从适用范围看，大多数法律原则并非针对特定的对象，它基本上可以适用一切法律领域，对行政、司法，甚至对立法都有约束力；其三，法律原则既有程序方面的，也有实体方面的，既有专门的，也有普适的。

法律原则可分为基本原则和具体原则。基本原则体现着法的本质、目的和基本价值，是整个法律活动的出发点和落脚点，构成法律制度的灵魂，决定着法的统一性和稳定性。基本原则在法理学中也可称为"法律原理"，一般不在法律条文里明示，而是隐匿在法律规则、法律条文背后，起着指导和矫正作用。法理学大师德沃金构建起了名为"整合法学"的新的法理思想体系。他认为法的整合性，是一个政治共同体的核心美德，体现了关于公平（指公平的用以决定社会分配的架构）的原理、关于正义（指正义的社会分配结果）的原理和关于程序公正性的原理的恰当比例的结合。德沃金指出，如果法官能够掌握法律的原理，采用"建设性解释"的方法，追求"整合法学"的理想，他便能找到正确的答案：这是他在法律上和道义上的义务，这义务是对他的裁量权的有力约束。

具体原则是基本原则的具体化，构成某一法律领域或某类法律活动的具体指引和直接出发点。在成文法中，具体法律原则一般会在法律文本中明确地表述出来，当然一般不设定具体权利和义务，而是一个陈述性的命题。在我国立法例中，具体法律原则的表现形式大致有以下几种：一是在序言中表述，如宪法，即在序言中规定法律原则；二是在总则中表述，相当多的法律、法规、规章，在总则部分会有法律原则的表述；三是在具体章节中表述，这主要是相对而言比较具体的、专门领域里的法律原则，不便在总则里表述的，就安排在章或节的首部做出表述；四是在附则里表述，有些具体原则适用于参照执行的，就在附则里加以表述。法律原则不仅本身有适用的价值，而且对适用法律条文具有规范和指导功能。

波斯纳用"标准"的概念来表述法律原则。他指出："标准越是灵活，观察者就越是难以判断官员适用标准时是否合理、公道。规则会要求有特例处理，而标准可以说就是要将特例处理制度化。在一个适用标准的体制中，会用那些在规则体制中决定规则内容的原则或政策来决定具体案件的结果。"从波斯纳的表述中不难看出，他对过多地运用原则和政策来处理具体法律事务是持保留态度的。

三、"原则优先"定理

如果说法律规则是法的"细胞"，那么法律原则便是法的"灵魂"，两者是密不可分的。法律规则与法律原则应该是这样的关系：

法律规则应具有比较严密的逻辑结构，针对特定的对象；而法律原则并不能构成规则本身，它只是法的一种渊源，它促使规则必须与具体的社会关系相互结合。一个规则和一个原则的差别在于，一个规则对一个预定的事件做出一个固定的反映；而一个原则指导我们在决定如何对一个特定的事件做出反应时对特定因素进行思考。

法律规则在适用时是刚性的、明确的，要么有效，要么无效；而法律原则的适用则有灵活性。

法律原则具有力量上和重要性上的程度等级。而法律规则则没有这种程度等级的差别。在一个规则体系内部，不存在一个规则比另一个规则更重要。法律规则必须体现、落实法律原则的抽象的规定，立法部门制定规则、行政部门实施规则、司法部门适用规则，都不能同法律原则相违背，否则无效。

法律原则对法律规则起着补充与统率作用，当法律规则缺失时，法律原则起着补充规则、调整特定社会关系的作用，每一法律原则形成相对独立的以其为核心的完整的规则体系。

当规则和原则不一致，或规则之间有冲突时，规则与原则何者优先适用？结论无疑是确定的：原则优先，这已成为一条定理。因为与规则相比，原则有以下优点和功能：其一，原则比规则有更宽的覆盖面，因为每一个原则都是在广泛的现实的或设定的社会生活和社会关系中抽象出来的准则，具有普遍性。其二，原则比规则更具有宏观上的指导性和适用性，即在较大的范围和较长的过程中对人们的行为有方向性的指导作用。其三，原则比规则的稳定性更强。

当然，也有学者表达出对滥用原则对法律制度可能产生不良影响的担忧。波斯纳分析："德沃金的正确之处在于，当把道德和政治价值带进决策之际，法官并不是自动地变得不守法了；但德沃金的错误在于，他认为可以确定地宣布由价值支撑的某个司法决定的对错。"

米尔恩指出，原则所起的一种作用应该是证明违反规则为正当。遵守一项规则的人们对他的行为毫无自由裁量的余地，因为规则已告诉了他。规则着眼于各种情况的共性，而不考虑个别情况的细节。但是，特殊的环境可能意味着服从一项规则是不利于其宗旨的，因为那样做会使以其为规则的活动归于失败。由于特殊的环境，服从某些技术规则可能会产生各种不良的结果。因此，违反它并做一些更有效的事就被便利的原则证明为正当。

四、法律政策

德沃金指出："当法律工作者就法律权利和义务（特别是疑难案件中最棘手的权利和义务）问题进行推理或辩论时，他们使用的标准不是规则，而是原则、政策和其他。"在德沃金眼里，"原则"和"政策"相对于规则属于同一个层次，但两者有着重要的区别。他所说的"原则"是反映正义和公平的标准。原则"应该得到遵守，是因为它是公平、正义的要求，或者是其他道德层面的要求"。"政策"则是涉及社会性、集体性的目标或目的的一种政治决定，"它们规定一个必须实现的目标，一般是关于社会的某些经济、政治或者社会问题的改善"。如关于如何促进经济发展和社会进步，或维持政治的稳定。法学家昂格尔也认为，一方面随着福利国家的发展和另一方面随着公司国家的发展，法律形式主义正在让位于对法律推理和正义观念中公共政策的强调。他指出：政策导向的法律推理以强调公正性和社会责任性的广义标准为特征。对法律形式主义的反叛似乎是不可避免的并且是有益的。

法学教授张文显先生将政策也视为法律原则，将原则分成政策性原则和公理性原则两类，并分析道，政策性原则具有较强的针对性，社会问题不同，政策性原则就不同，每个国家有自己的社会问题，因而有自己的法律政策。公理性原则是不分东西南北的，也不存在姓"资"姓"社"的区别。笔者认为，对此值得商榷。张文显先生将政策视为原则的一种，是看到了政策与原则的共性的一面，但其分析恰恰指出了两者的明显区别，所以其论据并不能证明其论点。作者认为，原则和政策都是对规则在适用时天然性失缺的一种补救和完善，从这点来说，原则和政策是属于同一层次的。政策决策的政治性、目的的暂时性和功利性，与原则的法理性、长远性和普遍性，是明显的一种互补关系。原则要求一律，即要求同样情况适用的一致性，但政策并不如此，更多的是承认差别性。当然，政策经过一段时间的推行，若被证明是适用的，可以通过立法变成规则，也可以被认定为一种新的原则，即政策与原则在一定条件下是可以相互转换的。

在我国的法治进程中，政策有着其独特的地位和作用。在相当长的一个时期内，我国管理和控制社会的规制，主要是政策，而且是作为执政党的"方针和政策"施行。在20世纪80年代初，我国社会主义现代化建设进入新时期后，开始要求"党的政策要经过国家的形式而成为国家的政策，并且要把在实践中证明是正确的政策用法律的形式固定下来"，"从依靠政策办事，逐步过渡到不仅依靠政策，还要建立、健全法制，依法办事"。从党的政策到国家的政策再到法律规范，这是我国的法治进程轨迹。在2000年《中华人民共和国立法法》颁布实施后，曾有一段时间，产生了一种主要依靠法制而不需要再依靠政策治理社会的思想和观念倾向，但面对继续改革开放发展的时代需求，这种倾向被实践所否定，大家重新认识到了公共政策在法治中的补充功能和保障作用，即重新看到了政策在法律社会中不可替代的独特地位。这样一个"螺旋式"的认识进化过程，是一个对法治背景下政策功能的理性认知过程，这与世界法理学界的认知也是一致的。也可以反过来说，德沃金对"规则—原则—政策"关系的认知与我们基于中国的实践所形成的认知并无二致。

目前，我国法治实践中具有法治意义的公共政策有以下几种形式：①国家出台普遍适用的具有法律约束力的政策，例如，为了控制房价过快增长，国务院出台的控制房价增长的"国八条""国十条"以及"国五条"等，都属于这类性质。②国家层面批准部分地区或领域改革试点出台的政策，如国务院授权上海浦东等地进行综合配套改革、城乡两元结构改革、金融体制改革等试点而出台的政策。③一些地方通过地方立法自我授权，因改革创新而可以出台突破国家法律规定的政策。④为专项重大活动而授权制定超出法定权限的政策，如北京奥运会、上海世博会筹备和举行期间，地方人大授权地方政府发布通告等临时性行政管理措施的政策，其效力止于活动结束。

第五节　规则—例外

法律制度是由一套规则构成的体系。法的规则最直接的功能是对人们的行为具有指向性，这就要求法的规则必须以社会事实为基础，具有鲜明的公平、正义特征，即要能公平正义地调整社会事实。因此，对法的规则的规律认识，便是法治思维的重要内涵之一。

法律规范都是一般性的、全面概括的、普遍适用的规则，这是常理，也是常识。而与之相关的还有另一个常识：所有的一般规则中都难免有例外情形。所以规则与例外也是一对法哲学的范畴。在法律上，特殊总是努力反对普遍。究其原因，这是成文法固有的局限使然。社会现象的多元性、动态性和复杂性，以及人对周围事物认知的局限性，决定了人制定的法律条文不可能穷尽所有可能发生的社会情形，难免"挂一漏万"。所以，人们可以合理推定，在现有法律规则之外，一定存在着例外情形。现实生活中的实例也一再证实了这种例外存在的普遍性。

凯尔森明确把法律规则（规范）分为一般规范和个别规范，法律是一般规范。但法律无疑并不只是由一般规范组成的。法律包括了个别规范，即它决定一个人在一个不重复发生的状态下的行为并从而只对一个特殊场合才有效而且只可能被服从和适用一次。这样的规范之所以是'法律'，就因为它们是整个法律秩序的组成部分。

一、规则和例外都是事物性质的客观反映

博登海默对此有精辟的阐述。他认为，由于人和事物的关系往往是复杂的和模糊不清的，所以在多数情形中，人根本不可能在解决社会生活所呈现出的

疑难问题方面发现一个而且是唯一的一个终极正确答案，在他判断一起事件或决定所应遵循的正确的行动步骤时，他会面对各种各样的方法和各种可能性。另外，在法律制度实施的过程中也出现这样的情形，即解决某个问题的特定方法会有一种令人非同意不可的和不可辩驳的力量，从而迫使法律决策者去接受它。在这些情形中，事物的性质之本身已然把某个结果强加给了立法机关和司法机关。"从某种程度上讲，生活关系本身就含有它们自身的标准和它们自身的内在秩序。隐于这种关系中的内在秩序被称为'事物之性质'。善于思考的法学家在没有实在法规范或在规范不完善或模糊不清时肯定会诉诸这一观念。"

博登海默把上述所谓事物之性质分为以下几类：①它可能源于某种固定的和必然的人的自然状况，如对未成年人一定行为能力的效力认定和对精神病人行为法律后果的规定即基于人的生理状况；②它可能根植于某种物理性质具有的必然的给定特性，如因自然条件和地理位置之不同，法律规定亦应有别；③它可能根植于某种人类政治和社会生活制度的基本属性之中，如为了维护司法公正，而在程序上实行回避制度的规定；④它可能基于人们对构成某个特定社会形态之基础的基本必要条件或前提条件的认识，如一定社会对婚姻的实质理解不同，而婚姻法律制度也必然有不同的规定。

波斯纳把法律规则的局限性概括为四种情形：一是规则适用的范围也许不确定，因此法官就必须不断地决定，这一规则对制定规则时未曾预见的或至少是未做决定的情况是否适用。二是对同一活动，也许一些不相一致的规则都可以适用。三是一个法律问题可能是确定的，因为有某个明确的规则涵盖了这一问题，同时又可能是不确定的，因为法官并不一定要遵循规则。四是依据规则做出的决定并不一定比依据标准做出的决定更为客观。

结论是，每个例外本身都是一条规则，都是一条能干净利落击败主要规则的规则。

二、法律条文的"空缺结构"与"黄金规则"

20世纪的法理学泰斗哈特提出了"法律规则"的概念，他认为法律是由规则组成的体系。哈特强调主要规则和次要规则的结合，认为这是"法律科学的关键""法律制度的中心"。其根源是哈特承认法律语言存在着"空缺结构"。他认为，无论由判例或者由立法来传递一般的行为标准，只要通过"一般"的词语来传递这种信息，就必然存在着法律语言的"空缺结构"。哈特指出，一方面，语言文字和语言文字表达的法律规则有一定程度的意义的可确定性：每一个字、词语和命题在一定范围（"核心范围"）内有明确的、毋庸置疑的含义，其适用于某些案件的结果，也是显而易见的、具有高度确定性和可预测性的。如他所说，"法律的生命在很大程度上存在于确定的规则对官员和私人的指导"。另一方面，语言和规则也有"开放性"的特质，因为语言不是绝对精确周密的示意工具，加上立法者在起草法规时没有预见到所有将来可能出现的情况，所以在某些范围（"边缘地带"）内，语言和规则的适用具有不确定性。在这个范围内，法官在做出判决时，的确享有裁量权和能够创建新的规范来满足例外情形，在这一过程中，道德价值判断、公共政策的考虑、不同利益的权衡、不同判决对社会的影响等因素，都会左右法官的最终判断。

在英美普通法系的法律解释学中，有一种"黄金规则"。一般来说，法律条文应按其字面的意义来解释；但这不应是一成不变的，因为有一种例外情形，就是字面意义的应用会导致产生极不合理的、令人难以接受和信服的结果，在这种情况下，执法部门应采用变通的解释，无须死板地依从字面上的意义，借以避免这种与公义不符的结果。"黄金规则"其实是对法律实施中例外情形的一种事后补救。鉴于英美法系的判例法的法律模式，这种事后补救的制度安排是可以理解的。但在以成文立法为主导的我国法律体系中，例外情形在立法中就应该尽可能地得到体现，以实现法律的普遍适用。因此立法技术中"除外条款"便成了这一规则的载体。

三、个别衡平

法律规则以其适用的同等性、不变性而具有刚性的特点，但因现实生活的复杂和特殊情况的存在，亚里士多德意识到，可能会出现这样的情形：法律规则的一般性和刚性可能会使法官无法将该规则适用于个别案件的解决。他提出用衡平的方法来解决。他将衡平原则定义为"当法律因其太原则而不能解决具体问题时对法律进行的一种矫正"。亚里士多德无疑是衡平法的创始者。古罗马的西塞罗早就指出过，法律越严苛对无辜者伤害就越大，因为严格不变的法律规则，往往会导致重大的非正义现象，可能变成无辜者的灾难。为了体现法的正义性，"在某些案件中，有必要摒弃法律中的词语，有必要遵循理性和正义所要求的东西，并为此目的而实现衡平；这就是说，有必要软化和缓解法律的刚性"。伯尔曼谈到，西方的法律传统都习惯地认为，法律有四种渊源，即立法、判例法、衡平法和习惯法。他进一步指出，在西方法律传统的形成时代，立法和判例法远不像后来几个世纪那样多。大量的法律来自根据衡平法（限定为理性和良心）予以检验的习惯法。必须承认，如果想相信和接受关于这种西方法律传统的历史，就必须像看待制定法和司法判决一样看待习惯法和衡平法。

最早出现于英国的衡平法对普通法的修正，开创了个别衡平的法律时代。之后美国也允许国会通过"私"规而赋予某些人对一般法的豁免权。传统的英美衡平法在其初创之时，是被当作一种对普通法的普通性与僵化性进行矫正的制度来使用的，后来它逐渐演变成一种与普通法规则或制定法规则相区别的规则体系。这是实现法的实质正义的一种制度设计。

当然，在英美国家，法官使用个别衡平，必须具备一定条件：其一，法官行使衡平裁量权必须始终受到上诉审查的约束；其二，法官只能在极其特殊的情形中才能使用，即在适用实在法规则会导致一种被绝大多数理性的人斥责为完全不能接受和完全不合理的结果时；其三，在法官背离某一制定法规则时，法官必须能够从研究该法规的背景中得出这种结论，即立法时如有此种情况，定会作为例外而注入该规则内。如果仅仅是法官个人不同意某项实在法规则，在任何情形下都不能构成行使该权力之依据。

中国虽没有明确的个别衡平规则，但实践中也会遇到需要通过衡平法来处理的问题。

案例一：许霆案。

2006年4月21日晚10时，年轻保安员许霆到位于广州市黄埔大道西平云路上的一家商业银行的ATM取款机取款，在取款过程中，他发现取款机系统出现了错误，本想取款100元，结果ATM取款机出钞1000元，而银行卡存款账户里却只被扣除了1元。于是，许霆连续用自己的借记卡取款5.4万元。当晚许霆的同伴郭安山得知后，两人欲结伙提款，等郭回住所拿了借记卡后，许霆再次用银行卡取款1.6万元，随后两人离开现场。4月22日凌晨，两人第三次返回上述地点，本次许霆取款10万元，连同前两次总计取款17.3万余元。事发后，广州市中级人民法院一审判决被告许霆以非法侵占为目的，伙同同案人采用秘密手段，盗窃金融机构，数额巨大，行为已构成盗窃罪，遂判处无期徒刑，剥夺政治权利终身，并处没收个人全部财产。此判决一宣布，便引发社会的广泛质疑，认为不可接受，不能理解。2008年3月31日，广州市中级人民法院二审，最终判决许霆犯盗窃罪，判处有期徒刑5年，并处罚金2万元，追缴许霆的犯罪所得173 826元。在新闻发布会上，审判庭庭长甘正培解释，按《中华人民共和国刑法》规定，盗窃金融机构且数额巨大，最低法定刑是无期徒刑。但根据本案具体的犯罪事实、犯罪情节和对社会的危害程度，如果依法定量刑不符合罪行相适应原则。因此，根据案件的特殊情况，经最高人民法院核准，对其在法定刑以下量刑，判处有期徒刑5年。可见，这是一起典型的"中国版"的个别衡平案件。

案例二：郑州保姆偷天价手机案。

张芸在郑州苏先生家当保姆，2011 年 12 月 2 日，张芸将苏先生放在家中的小手机盗走。张芸被带至公安机关接受讯问。在苏先生之妻衡某找到被盗手机后，张芸供认了盗窃手机的事实。经鉴定，该手机价值 6 万元。另查明，2011 年 11 月初，张芸还盗窃苏先生岳父存放在苏家的金戒指 1 枚，并带回禹州家中藏匿。经鉴定，该金戒指价值 8162 元。2012 年 6 月，法院一审判处张芸有期徒刑 10 年，并处罚金 2 万元。这一判决在国内引发轩然大波，舆论压倒性地站在"法院判罚过重"这一方，苏先生也说没想到会判她 10 年。作为回应，郑州市中级人民法院将案件发回重审。2012 年 12 月 28 日，郑州市管城区人民法院对该案再次公开审理，认为张芸的行为已构成盗窃罪，且数额巨大。但法院结合张芸的文化水平和生活阅历，认定其当庭供述"以为该手机价值两千多元"属实，存在"重大认识错误"，故认定被告人盗窃财物属于"数额较大"，改判张芸有期徒刑 2 年，并处罚金 3000 元。但仍有法学人士质疑，认为该案不属于认识错误的范畴，不能因此减轻处罚。归根到底，因为我国没有个别衡平制度安排，所以要在现有的法律规则内自圆其说，显得法理依据和法条依据均不足。这也启示我们，有必要将个别衡平的制度法定化、规范化。

四、法律解释与法律议论

当规则不能涵盖例外情形，对例外情形简单按规则处理只会产生不符合法律目的的结果时，这样的结果在多数情况下会被认为是依据"恶法"执行的结果。解决这个问题的方式有哪些？当然，根本的、彻底的方法是修订或废止"恶法"，但这要受时间成本和立法成本的限制。在这之前，可能社会管理实践已等不及了。是否还有其他更经济有效的方法呢？法学教授季卫东、宋功德不约而同地给出了两个方法：法律解释和法律议论。

法律解释是对现有法律理性缺陷的一种有益的补充。这在法治史上是很多法学家的共识。萨维尼认为法律包括语法要素、逻辑要素、历史要素、体系要素四个要素。

波斯纳把对制定法的客观性解释途径概括为三种：一是想象性重构，即法官将自己置于创制该法的立法者的位置上，并努力理解立法者当年所面临的问题和可能会做出的结论。二是目的性解释，有意思的是，制定法经常是各派或各利益集团之间竞争妥协的产物，而目的性解释有可能很轻易地破坏了这种妥协，使某一派别获得他们在立法上未能赢得的优势。三是政策性决定，即法院建设性地提出合理的公共政策，而不去理会立法者的意图和目的。

　　季卫东、宋功德对德沃金的建设性法律解释做了分析和推介。德沃金认为，解释有三种不同的类型，即会话性解释、科学性解释、作为创作性解释的艺术解释。相比较而言，法律解释与艺术解释最相似。德沃金把法律解释理解为法的统合性，即在过去的政治决定的积累和由此推导出来的权利义务之间都保持特殊的一致性的整体结构。因此，作为统合性的法本身就意味着优选了法律解释。德沃金所主张的建设性解释的目的在于建构一套理论，一套为现有的政治、法律制度和实践的整体以及它的过去和未来提供最佳的说明、证成和依据的理论，这个理论有指导性的作用，可以用来为疑难案件找到正确的答案。建设性解释所迈向的目标是法的统合性。在德沃金看来，法的统合性解释具有"连锁小说"似的结构：虽然是许多作者你写一章我写一节的系列作品，但角色、情节能连贯成整体，仿佛是一个人写的，为此，每个作者必须对过去的写作内容进行阅读和解释，作者可能掺入自己的偏好，但并没有完全的自由，其必须在统合性前提下进行合乎作者主观价值判断的创作。需要说明的是，德沃金把法律解释权只限于法院，并未考虑律师、检察官的解释与法官的解释之间的关系，更未将社会常识和"舆论法庭"等因素纳入解释的范畴。所以，德沃金虽然承认了法官的造法功能，但仍未脱离法律决定论的思维模式。

　　关于法律议论。什么叫议论？你提出一个意见或主张，我站起来反驳或者提出代替性方案来，这种莫衷一是的会话状态就是议论的开端。法律议论的主要特征包括：其一，法律可以左右司法判断但不能完全决定之（非决定论）；其二，法律议论不仅仅是演绎性的推论，还要根据命题进行合情合理的讨论（非三段论）；其三，法律议论除了符合法律规定之外，还要符合正义（非实证主义）；其四，在法律议论中正当程序和理由论证具有重要意义（过程指向）；其五，法律议论承认制度与实践之间存在着互动关系（相互主观的思维模式）等。

　　法律议论并不拒绝三段论推理，但其运用得更多的是一种反证思维模式。例如，偶尔出现一只白乌鸦就足以否定"天下乌鸦一般黑"的全称判断吗？答案是未必。反过来问，法律上的全称判断一定都不能反证吗？答案也是未必。例如，"精神失常者的行为责任不予追究"的全称判断，就可以被"间歇性精神病患者对自己在心智正常时的行为有责任能力"这一简单判断所反证。当然，反证的结果未必导致该全程判断被完全排除在法律学的命题之外。但法律议论是具有较强的承认反证的倾向的。

　　在众多法律议论的流派中，季卫东、宋功德对哈贝马斯的"对话理论"似乎情有独钟。在哈贝马斯的法学理论中，对话性论证的沟通行为的合理性这一概念始终是不可动摇的基石，而能够保障沟通的合理性的理想对话状态需要通过法律制度来实现，这种法律制度主要表现为通过调整对立而达到合意的程序。哈贝马斯的"对话理论"承认规范具有真理性，并把基于实践理性的相互主观的合意，而不是主观判断与客观现实的对应关系作为检验真理性的条件。这意味着，只有经过充分论证的合意才能当作检验真理的标准，而且在追求更好的论据的过程中实现了充分论证的合意，才是理性的合意。其理论支撑点有两个：理想的程序条件；严格的理由论证。哈贝马斯把他的"沟通行为理论"和"对话理论"应用于法学。他认为，法律所设定的"权利体系"需要透过公共讨论和对话来阐释和塑造，权利体系的内容不是不证自明、一成不变的。反过来说，权利体系和法制又构成了公共讨论和对话的有利条件，造就了民意和公意的形成，并把它所代表的"沟通能量"转化为法律和"行政能量"。

对法律中的"规则与例外"现象，宋功德最后总结认为："尽管法律形式理性至关重要，规则体系的严密逻辑性的确是法律规则富有实效的基础，但是，规则并非万能的——即便是兼顾形式理性与实质理性的规则体系亦不例外。法律形式理性、实质理性只有与理性的法律解释、法律议论实现完美结合，才能使法律规则在适度的调整范围内更富调整实效，从而最大限度地展现法律理性，最大限度地实现法律的'回应'价值。"

五、处理不确定"例外情形"的补救性措施

鉴于此，我们需要确立的一种法治思维就是，有一般就一定有例外。立法中有没有考虑例外情形，或者有没有穷尽例外情形？若没有，需要我们在执法中借鉴运用"黄金规则"进行弥补性解释。当然，这种解释最好是事先的、公开的一种官方解释。具体而言：

在立法阶段，立法者应当自觉认识一般与例外的法则，主动梳理所涉领域的"例外情形"，尽可能"事前补救"；提高其立法的周延性和确定性，并合理运用"除外条款""参照执行条款"等立法技术规范予以明确。德沃金就说："一条规则可以有种种例外，但是一条准确的规则会把这种例外考虑在内，而任何一条规则如果不如此，就是不完全的。从理论上说，必须将所有例外都加以补充说明，补充得越多，这条规则的表述就越准确。"

在法律实施阶段，执法者要及时地"事中补救"，对发现的立法中未予明确的"例外情形"，通过应用解释和规范性文件的补充、细化来加以弥补，并及时建议立法部门通过立法修订加以完善。——在法律救济阶段，行使复议和诉讼的机关应当积极地"事后补救"，借鉴"黄金规则"和实证主义法学的理念，对"边缘地带"的法律语言做出合乎法理、法律原则和立法初衷的解释，从而形成能被社会广泛接受的新的规范。

第五章　法的推理思维

法律正是以逻辑推导的形式将抽象的普遍意义的法条变成人们行为的具体指导的。法的推理有形式推理（分析推理）与实质推理（辩证推理）两种方式。

第一节　形式推理与实质推理

一、形式推理

形式推理主要指在解决法律问题时所运用的逻辑推理,博登海默称之为"分析推理"。在法的推理和议论中,法律家通过其角色活动体现出来的最基本的思维方式,迄今为止仍然是逻辑推理。"逻辑几乎总是,而科学实验却经常是正当化的方法,而不是发现的方法。"

从理论上说,逻辑推理有演绎推理、归纳推理和类比推理三种,但就法律推理而言,这三种推理的功能和适用范围都是不同的。其中,演绎推理是最主要的方式,而归纳推理和类比推理在我国法律推理中的运用都有明显的局限性。形式推理可以分别运用于立法过程、行政执法过程和司法审判过程。

（一）演绎推理

演绎推理主要是运用三段论方法进行推理,即由大前提和小前提推理出结论,该结论是符合逻辑的结论。这是从一般到特殊的推理,是一种最基本的推理方式,在立法中运用最多的也是此推理方式。"法律推理的表达通常采取演绎的形式。"在行政执法过程中,对相对人的行为的合法性判断,以及对行政行为的合法性的判断,也都是运用的演绎式逻辑推理。

（二）归纳推理

演绎推理只能解决一般的、普遍的社会现象,但无法涵盖纷繁复杂的社会现象中的所有情形。因此，以归纳推理来弥补演绎推理的缺失，是法律逻辑的必然。归纳推理是从特殊到一般的推理。其适用的合理性是人类对正义的需求的不可或缺性和制定法的滞后性带来的必然结果。归纳推理可以运用于立法、执法和司法等不同环节：一是，用归纳法可使相同案件得到相同的处理，体现法的公平性和一致性。在行政执法中，可运用归纳推理实现执法的公正与合理。二是，归纳推理是一种不断积累经验、修正错误的过程，从中提炼出普遍规律和规则，这是立法过程中的运用。三是，归纳推理有利于法官从复杂的社会现实中提炼出法律的时代精神，推动法律的发展和确保法律正义的时代性，不至于因制定法的刚性和滞后性导致对当事人权利救济的真空而使无辜者受难。但是，归纳推理有其局限性，从呈现出共同要素的特殊案例中以归纳方式得出的一般性概括，很少能符合逻辑的必然性。中国不是判例法国家，以演绎推理为主，但在法律实践中，也有归纳推理的运用。在行政执法中行政裁量权的规范，便是为了防止倚重倚轻结果的出现，也是通过归纳法确定裁量的幅度。司法实践中，最高人民法院有案例指导制度，也是通过对下级法院的类似案件的判决比较，从中归纳出一般规则和原则，或从中选择出可供其他法院参照和借鉴的案例，实质是一种归纳推理的运用。

（三）类比推理

类比推理，是把一条法律规则扩大适用于一种并不为该规则的语词所涉及的，但被认为属于构成该规则之基础的政策原则范围之内的事实情形。与演绎推理相比，类比推理可看作从一种特殊到另一种特殊的推理。对规则进行类推适用的目的就是要通过同样对待属于相同政策原则范围内的事项和案件来帮助实现正义原则。美国法学家伯顿认为，类比法律推理与普通法系的判例法有着渊源，"遵循先例原则支撑着普通法的判例学说，该学说把先前判决的案件当作此后案件的判决依据。判例学说下的推理主要是通过类比进行的，其基本要求是同样案件同样判决。这是形式主义的要求"。但类比推理的运用有一定的限制，在法律适用中不是所有情形都可以随意运用类比推理的，如在有明确规范性指定的刑事法律领域就不能适用类比推理。在英美国家，甚至不鼓励在非刑事法律领域适用类比推理。我国还不是判例法国家，其判例不具有先例的法定依据效力，所以，类比推理的运用在我国更应压缩到最小限度。

以演绎推理为主体的形式推理构成了历代社会法律适用的最基本方式。但形式推理很难在现实生活中全部实现。因为制定法设定的前提条件总是有限的，因而"要是法律……成为一个完全的演绎制度，是永远不会成功的"。所以，形式推理必然要与实质推理（辩证推理）相结合，才能使正义在法律实践中得到充分实现。

二、实质推理

实质推理，博登海默称之为"辩证推理"。按照亚里士多德的观点，辩证推理是要寻求一种答案，以对在两种相互矛盾的陈述中应当接受何者的问题做出回答。其潜在含义是，当形式推理并不能明确无误地推理出法律结论时，需要通过实质推理去寻求体现正义的结论。当推理基础的前提是清楚的、众所周知的或不证自明的时候，是不需要实质推理，即辩证推理的。

制度法学派的奥塔·魏因贝格尔把辩证推理与正义相联结，认为"对正义的分析实际上是由理性构成的，但这些分析只有通过充满了评价的辩证推理才能得出结论"。他把辩证推理概括为六种情形：①在考虑要做到什么的过程中，关于正义的主张总是与对效用的考虑联系在一起；这里关注的不仅是公正问题，而是要找到既公正又符合个人目标的方式。②关于正义的直觉包括不能简化的众多的主张，这些主张只有通过评价性的比较和决定才能产生结果。③引出结果的分析和对可供选择的行为方式的审查往往具有暂时的连锁的性质，这些连锁通往各个方向，其结果要由关于正义和效用的标准来评价。④要求个人做出决定的实际处境往往是非常复杂的，而且涉及许多不同的环节，因而关于做什么的决定只能通过衡量价值做出。⑤我们正在追求，在这个世界上，正直的和有道德的人比不正直的人生活得好。因此，不能忽视规范性规定在关于正义的考虑中所起的促进作用。⑥关于正义的主张是可以根据旨在达到一种"反应平衡"的思考加以修正的。魏因贝格尔强调，"人们可以说出一些规则，但没有任何规则能够把关于正义的考虑转换为数学式的运算"。

实质推理可以解决以下几个问题：一是，可用法的目的和价值等抽象的原则来检视和矫正法律条文的正当性和适用性；二是，解决两种以上需要选择适用的条款的选择标准问题，实现法的公正价值；三是，化解"合法"和"合理"的矛盾，使法更加符合人性和善良。而上述这些，都是形式推理无法回避和解决的问题。

在我国法学界，对非正式法律渊源是否具有法律效力存在着争议。但学者孙笑侠认为，这种争论没有太多意义，所谓"非正式渊源"的法律意义只在于法律推论过程。其一，对法官理解、分析制定法并进行推论提供参考依据和思维指引；其二，通过法律推论实现对制定法局限性的弥补作用；其三，通过推论为判决结论提供正当理由。所以，他主张不从效力角度考虑渊源的命名，即不采纳"非正式渊源"这一名词，而是依其作用，采用"推论渊源"一词来概括。笔者认为，这里的"推论渊源"属于实质推理，即辩证推理的范畴。

三、两种推理之间的辩证关系

在德国法理学家罗伯特·阿列克西看来，形式推理是一种"内部论证"，实质推理是一种"外部论证"。内部论证关心的主要是各个前提与结论之逻辑关联的问题。而外部论证则证立各个前提本身的正确性，因此关心的是这些作为推论基础的各个前提本身的合理性问题。

美国学者弗里德曼在其《法律制度——从社会科学角度观察》一书中概括了法律推论的四种理想模型：①法律神学的推论——由于法律决定拘泥于某一经典的教义，很难接受变化的观念，法的拟制、形式主义、烦琐的手续以及类推占有越来越重要的位置。②法律科学的推论——其前提的体系是固定的、封闭的，但可以接受革新，法学者犹如生物学者可以在有限的条件下发现和推导新的法命题。③习惯法的推论——其前提是开放的，但抵制变化，换言之，法律系统无条件地吸收社会规范而不据此改变自身的结构。④法律工具主义的推论——既具有开放的前提又接受革新，决定不受技术性合法规则的束缚，强调实质合理性。"严格说来，法律家所谓的法律推论仅限于封闭的系统；当然，封闭性的程度是可以不同的。在封闭系统中，法律的逻辑和解释规则有别于日常的逻辑和议论。"

需要说明的是，形式推理与实质推理不是截然分离的。两种推理方式在同一案件和事项中往往会以某种混合的形式出现，而不是使用一种推理形式就得排除另一种推理形式。"逻辑和经验在行使司法职能过程中与其说是敌人，毋宁说是盟友。"博登海默明确指出："我们不应当这样认为，即人们必须在推理的分析形式与辩证形式之间做出排他性的选择，即使用一种推理形式就得排除采用另一种推理形式。实践中经常发生的情况是，这两种论证方式在同一案件的审理过程中往往会以某种混合的形式出现。"

以对象作为划分依据，法律推理主要有两类对象：管理相对人和管理人（行政机关）。对相对人行为的法律推理包括逻辑推理，即三段论推理，也有辩证推理，如信赖保护、法不溯及既往的例外、任何人不得从自己的过错行为中获利等。对行政机关行为的法律推理，既有逻辑推理，即行政合法性推理；也有辩证推理，即行政合理性推理。

第二节 法律结构：条件—行为模式—法律后果

关于法律规范结构，我们最早接受的是假定—处理—制裁"三要素"论，且被普遍认可。但这明显带有管制法的烙印，在后来的立法中暴露出了其局限性，所以被质疑乃至否定。现在大家认同的是新"三要素"论，即条件—行为模式—法律后果。之后，行为模式—法律后果"两要素"论又被进一步深化。其中，行为模式又分为三种：授权模式（有权怎样行为）、义务模式（必须怎样行为）、禁止模式（不得怎样行为）；法律后果也分为两种情形：肯定性法律后果和否定性法律后果。

一、前提：三段论推理

伯顿指出，三段论关键性的问题包括：①识别一个权威性的大前提；②明确表述一个真实的小前提；③推出一个可靠的结论。因为现代法典主要是由把一定的行为构成要件和一定的法律效果联系起来的假设命题构成的，这就促使法律的适用按照形式逻辑三段论的格式进行——法律的规则为大前提，法庭认定的事实为小前提，推理的结论便是判决。

这种三段论方法，被亚里士多德称为一种论述，在这种论述里，如果先行陈述了某些东西，那么由这些东西就必然可以得出并不是这些东西的其他东西。下面就是亚里士多德三段论方法的一个例证：

所有的人都会死，

苏格拉底是人，

因此，苏格拉底会死。

德国行政法学家毛雷尔认为，三段论推理其实也是个法律适用的过程，依次包括四个阶段：

①调查和认定案件事实；②解释和确定法定事实要件的内容；③涵摄，即确认案件事实是否符合法定事实要件；④确定法律后果。

上述四个阶段并非相互孤立，而是相互关联的：对案件事实的调查应当按照法定事实要件进行；解释法律应当考虑具体的案件事实及其对各个方面的影响。适用法律不仅是寻求逻辑结果的过程，而且也是一个判断性的认识过程。对此的解读：法律适用是一个逻辑推理与辩证推理综合运用的过程。

需要注意的是，我们必须把三段论的合法性同它的真实可靠性，即它产生真实结论的力量区分开来。真实可靠性不仅取决于具体的三段论的合法性，而且取决于前提的真实性。

二、立法规范：三要素结构

从一般法理学来看，法律权利、法律行为和法律责任三者有机地构成法律制度的本体要素。"法律规范是一种包含条件的命令。一旦具体案件事实符合法律规范的事实要件，就应当产生法律事先规定的法律后果。"

（一）条件

条件系指法定条件。"法律是以权利和义务为核心的，法律规范的一切内容都是围绕这一核心而展开的。法律就是通过权利和义务的设定进行利益调整的。"立法中的条件主要是解决设定什么权利和义务，以及给谁设定权利和义务的问题。从中国现有的立法体制来看，七个法律部门里，刑法、民商法以及诉讼和仲裁制度都是由《立法法》明确由法律保留的；经济法里涉及的基本经济制度以及财政、税收、海关、金融和外贸的基本制度也属于法律保留的领域，其余部分可由行政法规做出规定；地方立法主要限于行政法、社会法领域的地方事务；行政法领域主要有规范行政管理的法（设定相对人义务）和规范行政行为的法（设定行政机关义务）两类；社会法主要设定行政机关义务，对相对人而言则主要是权利。

（二）行为模式

法律是以人的行为为对象的。所谓行为模式就是法律条文中所要明确的事实要件，这些事实要件都体现为一定的规则，构成特定的法律行为。规则从内容上可分为义务性规则和授权性规则。义务性规则是直接要求人们从事或不从事某种行为的规则，也就是哈特所说的主要规则。义务性规则具体又可分为命令性规则和禁止性规则两种。命令性规则是要求人们必须做出某种行为的规则，法律文本的表述是"应当""必须""应该"等；禁止性规则是禁止或严禁做出某种行为的规则，法律文本里表述为"不得""禁止""严禁"。授权性规则是指人们可以做出或要求别人做出一定行为的规则，也就是哈特所说的次要规则。授权性规则的特点是任意性和自由选择性，法律文本的表述是"可以""有权""有……的自由""不受……干涉"等。

（三）法律后果

法律后果分为肯定性后果和否定性后果。对于符合授权性规则的主体给予肯定性后果；对于符合命令性规则和禁止性规则的主体，则给予否定性后果。

但法律后果与法律责任并不完全等同。对于法律责任来说，只有义务性条款及否定性条款，而无肯定性条款，它是权利义务实现过程中派生的义务，是"以破坏法律上的义务关系为前提而产生的法律上的不利后果"。

纯粹法学派代表人物汉斯·凯尔森这样评价义务与责任的关系："同一法律规范既代表了义务又代表责任。法律规范意味着一个关于不法行为的可能主体的义务：它意味着对制裁的可能客体的一种责任。"也就是说，对于相对人的肯定性规则，在法律责任中则相应设定行政机关的责任和违反责任的罚则。反之亦然，对管理法中行政机关的权力，相对人违反的，则在法律责任里设定义务性罚则。

三、重点解读：法律责任

法律责任是法学范畴体系的基本范畴之一，法律责任的认定、归结和执行是法律运行的保障机制，是维护法治的关键环节。从法律发展史考察，立法行为一直以紧紧围绕法律责任的依据、范围、承担者以及法律责任的认定、归结、执行为其全部职能。

法律责任的本质，是作为立法者的国家对违反法定义务、超越法定权力界限或滥用权力的违法行为所做出的法律上的否定性评价和谴责，是国家强制违法者做出一定行为或禁止其做出一定行为，从而补救受到侵害的合法权益，恢复被破坏的法律关系和法律秩序的手段。

在西方法哲学理论中，有代表性和影响力的是新实证分析法学派的哈特的法律责任理论。他虚构了一个鲁宾逊船长的沉船事件，说明责任一词的多种含义。哈特着重分析了其中四种责任：

（一）角色责任

船长对船的安全负有责任。这是他的角色责任或职务上的责任。每一个法律角色都负有一种责任。丈夫有扶养妻室儿女的责任、会计师和出纳员有保管好账簿的责任、法官有审判的责任……但责任并非都是法律的，有可能仅仅是道德的，或其他的，如一个旅店老板使其顾客舒适的责任，一个裁判员控制运动员的责任，既不是法律的，也不是道德的。角色责任在决定某些刑事责任和民事责任方面具有决定性作用。

（二）因果责任

船长的过失引起沉船，或者说船长的疏忽导致了沉船，或者说船长的过失与沉船有因果关系，这些不同的说法都是有关因果责任的表达法。因果有人为的因果，也有自然的因果，人所能负的是由人的行为（作为或不作为）引起的责任。因果关系在每一个法律部门都会出现，甚至在同一个法律部门，法律规则使因果关系成为责任的一个构成要素的方式也是多种多样的。

（三）法律上的应负责任

"法律责任"并不简单地等于"法律上的应负责任"，两者是有区别的。一个人在法律上是否应当因其某一行为受到惩罚，要看这一法律责任的全部要件是否具备。如何确定法律上的应负责任？哈特列举了三种标准：①精神上的或心理上的责任标准。精神或心理因素分为一般认识能力和特殊认识能力两类。所谓一般认识能力指一个人正常情况下支配自己行为的能力；所谓特殊认识能力则指在特定场合中一个人的意识和认识能力，即他在行为时，是否理解法律的要求，能否支配自己的行为。这两种认识能力必须分清。②与伤害的因果关系或其他形式的联系。即一个人的行为同某一损害之间的联系。这种联系是否足以使他应当受到惩罚？其行为与损害之间是否有因果关系？③与行为者的关系。在刑法中，应负责任的根本原则是，受惩罚的人必须是做了法律禁止的行为，至少就外在行为来说，应当如此。这就是俗话所说的"一人做事一人当"。在现代刑法中，几乎不允许存在转承责任。但在民法中，许多情况下，由于父子关系、主仆关系、雇佣关系、上下级关系的存在，父亲、主人、雇主、上级应对子女、仆人、佣人、下级的侵权行为负责，或承担部分责任。

（四）能力责任

所谓"某人应对自己的行为负责"，不是指一种法律资格，而是指人们复杂的心理特征。哈特强调，在确定应受处罚的法律责任方面，心理因素（包括预见和执行愿望）本身不是关键因素；关键是我们要惩罚的那些人，在行动时应有肉体的和精神的正常能力去做法律所要求之事，并有充分的机会行使他们的能力。如果被告缺乏正常的能力，或正常的自我控制能力受到损害或丧失，就构成了减轻或免除处罚的理由之一。

而上述四种法律责任的基础是"宥恕条件"，即当事人的某些精神因素。哈特指出，当代法律制度之所以把某些精神因素作为宥恕条件，是基于道德价值上的考虑，是从另一个更基本的原则引申出来的，这个原则就是刑事责任必须以"道德上有罪"为前提，即去处罚一个不是"自动地"去破坏法律的人，是不公平的。道德只允许处罚那些完全出于自动的犯罪行为。宥恕条件在民事责任方面的道德价值在于：由于某些宥恕条件的存在而使有关事务或行为"失效"，这样可以对个人的"选择"自由提供保障。而宥恕制度只是对"严格责任"

的补足，而不是取代，其使用不是无限制的。

我国现行行政法的法律责任设定中，还存在着以下问题需要解决：

第一，行政机关的义务与相对人的义务设定不平衡。这是管理型法治留下的惯性。在责任设定中，注重对相对人违法责任的设定，对行政机关违法行为的责任设定较为原则、抽象；一般只说给予"行政处分"，对六类行政处分中给予何类处分都不做具体细化，留给行政机关的自由裁量权过大。

第二，"行为罚"的缺陷日益显现。中国行政法中的罚则（法律责任的重要组成部分）遵循了行为罚的原则，即只需认定有违法或不当行为即可实施处罚。这一原则在实践中已显现出明显的缺陷，主要有：①不考虑有无后果，而实践中，有无后果的危害性程度相差巨大。实际背离了错罚相当原理。②不考虑有否主观故意，即不区分过失还是故意，模糊了恶性的程度差异。③不分严格责任还是一般责任。在一些特殊领域（如机动车事故责任）是否应该适用严格责任或无过错责任，以及按照什么原则规制这样特殊情形的适用，没有依据。

第三，不同位阶的法律责任不统一。对于上位法规定了条件和行为模式，未规定法律责任，下位法能否增设法律责任，没有明确规定；对同一违法行为，不同管理领域的法律规范设定了不同的法律责任，法律规定的"一事不二罚款"原则如何适用，没有相关规则设定；在有上位法的情况下，下位法增设了一些行为规则，能否创设法律责任，没有定论。

第三节　适用于相对人的几种辩证推理

一、信赖保护

信赖保护属于一种比较纯粹的法律辩证推理。它是超越了"三段论"的一种法律判断。信赖保护原则适用于行政机关违法的授益性行政行为，即对确认权利或法律利益的行政行为原则上不能撤销，此时"信赖保护原则"高于"法律优先原则"。德国《联邦行政程序法》明确规定："提供一次性或持续性的金钱给付或可分物给付的违法行政行为，如受益人已信赖行政行为的存在，且其信赖依照公益衡量在撤销行政行为时需要保护，则不得撤销……"

对信赖保护的适用，需进行必要的审查：①受益人是否事实上信赖行政行为的存在？如果受益人根本不了解行政行为，应予否定。②受益人是否通过恶意的欺诈、胁迫或行贿而促成行政行为？如有，信赖保护不成立。③受益人是否通过对重大问题的不正确或不完整的陈述而促成行政行为？若是，则信赖保护不成立。④受益人是否明知或因重大过失而不知行政行为违法？若是，信赖保护也不成立。⑤受益人是否已经使用了给付或做了财产处置，无法恢复原状或者恢复将使受益人遭受不可预期的损失？如果存在这样的信赖证明或者表现，一般应当提供信赖保护。⑥受益人的信赖利益是否占优势？权衡取决于具体情况及具体事件中的重点，在撤销对受益人的影响和不撤销对社会与第三人的影响之间要做权衡。对有持续效果的行政行为，（连续给付）一般是向后（将来）撤销，而不是向前（过去）撤销；但在例外情况下，可以全部撤销。信赖保护确认的结果是，给付决定不得撤销，其他行政行为只有在充分补偿优先的、属于值得保护的信赖的情况下才能撤销。

二、不溯及既往的例外

不溯及既往，是一句极具特征的法言法语。其既是一种逻辑推理，又包含着辩证推理。不溯及既往指的是新的法律规定不适用于之前已经发生的行为，尽管该行为按照新的规定来说已经违法了。我国《立法法》第 84 条做了规定："法律、行政法规、地方性法规、自治条例和单行条例、规章不溯及既往，但为了更好地保护公民、法人和其他组织的权利和利益而做的特别规定除外。"值得玩味的是后面那句话。怎么理解？笔者解读：一是，体现了特别法优于一般法的原理，若要突破不溯及既往的原理，需要做出特别规定；二是，目的必须是更好地保护公民、法人和其他组织的权利和利益，即不适用不溯及既往的情形一定是对相关人的利益更加有利的，否则就没必要"例外"；三是，特别规定的解禁必须以没有别的方法可以解决为前提。我国《政府信息公开条例》便没有遵循不溯及既往的原则，而是适用于既往所有的政府信息，其理由就是上述几条。

实践中常常遇到的问题是，相对人的行为（如合同行为）已经实施但尚未完成时，新的法律规范生效了。该如何处置？如房屋买卖的合同履行到一半时，国家出台了限购的新政策（视作行政法规的效力），当事人已不具备购房资格，该合同还能履行吗？主管部门还能给予办理房屋登记手续吗？实践中有截然不同的处理结果。按照法理，应当遵循信赖保护原则，按照对当事人有利的原则，依照不溯及既往的原则，给予继续办理房屋登记手续。

三、知道与应当知道

守法的前提是要懂法，即知道法律规范的具体内容。所以，加强普法宣传，让公民、法人知法懂法，是行政机关应尽的义务。但由此是否可以依逻辑推理出"不知法就可以不守法"的结论呢？答案是否定的，即"不知法不构成不守法的理由"，传统的社会观念里有"不知者无过"或"不知者无罪"的说法，在这里是不适用的。英国行政法的奠基人威廉·韦德指出："不知法不构成不守法的理由，这一原则是英国民主制度中的法治赖以存在的有效前提。然而，这一原则的基础在于，我们的全部法律，无论成文还是不成文的，都是社会公众所能理解的——这就是说，无论如何，随时可以获得法律方面的咨询和了解当然是公众的权利。"

法律常识里，有"知道"和"应当知道"两个不同的概念。所谓知道是指实际已经知道法律规定的情形；而应当知道则是指其按照常理应当知道但因为各种原因尚未知道法律规定，因而其权利不受法律保护的情形。作者在行政复议实务中就遇到过一个申请人的申请过了复议申请期限，其提出的理由是，行政机关的决定书由其秘书收到，但未转交他也未告诉他，所以其实际不知情。这显然属于"应当知道"的情形，秘书的工作失误是由于其岗位训练不到位造成的，所以其要为自己的过失承担后果，因此而丧失了行政复议的权利。

四、行政重复处理

行政重复处理行为，源于德国行政法理论。其系指行政机关对先前行政行为已确定的行政法律关系状态予以再确定，并未产生新的法律效果的行为。它是对前一行政行为的重复，并未改变原行为的理由、依据，属于单纯事实的叙述及理由说明，因此不构成行政处分。中国行政学院法学部主任胡建淼认为，行政重复处理行为有以下特征：①行政重复处理行为以行政主体已经做出行政决定并已生效为前提；②它是行政主体第二次以上的决定并且其内容与第一次行政决定相同；③它是对原行为的重复而不产生新的法律效果的行为。

在我国，最高人民法院行政庭在解释《最高人民法院关于适用〈中华人民共和国行政诉讼法〉若干问题的解释》时对重复处理行为做了界定："所谓重复处理行为，是指行政机关所做出的没有改变原有行政法律关系、没有对当事人的权利和义务发生新的影响的行为。"行政重复处理是行政实务部门客观上经常面对的问题。但在现有法律规定里较少对此做出规范，所以大量产生的是一种事实行为，即通知性行为，其本身并未产生新的法律效果，也就是对当事人并无拘束力。

五、任何人不得从自己的过错行为中获利

这是美国法学家德沃金对法律哲学的贡献之一。他通过对现实司法程序的

剖析，发现所有法律制度都存在必须由法院采取某种方式进行填补的空白，填补的途径只能是构成法律制度的公平和正义这类一般原则。在一起案例中，一个继承人为即刻继承他那份遗产而故意杀死了立遗嘱人，他是否还有权继承那份遗产？因为处理这个问题的制定法在此之前不曾做出过例外的规定，于是法院便根据一条一般的正义原则剥夺了该继承人的继承权。这条正义原则便是"任何人都不得从自己的过错行为中获利"。德沃金对此予以了肯定。波斯纳就此案也做了分析，认为此案反映出"尊重遗赠意愿"原则与"任何人不得因其枉行而获利"原则之间的冲突。一个替代性进路就可以化解这一冲突，即问一问，如果遗嘱人知道自己可能被受赠人谋杀，他是否会在遗嘱上增加条款，剥夺该谋杀者的继承权？几乎可以肯定，遗嘱人会加上这么一条。因此，禁止谋杀者继承，也就是尊重了遗嘱者的意愿。这也是一种亚里士多德的"衡平法则"的实践。波斯纳称之为"想象性重构"方法。

这一刑事诉讼法中的原则，也适用于民事诉讼法。例如，在美国发生的另一个案例：一位汽车制造商通过与购买者缔结合同，减免其在汽车存有瑕疵情形下的责任。因为购买者对汽车是一种经济上的必需，无奈签约。而任何制定法或业已确立的法律规则都没有阻止汽车制造商坚持其合同上的权利。然而法院拒绝支持这一减免责任条款。当然，法院根据的是另一条正义原则：不能使一方不公平地利用另一方的经济必需而做成的交易合法化。而笔者以为，若将汽车制造商不公平的合同行为认定是过错行为，也适用"任何人都不得从自己的过错行为中获利"的原则。在实践中，大量发生的"霸王条款"，其实也可以适用这一正义原则而得到救济。

这一正义原则也适用于行政法领域。例如，对违法建筑的依法处理，其缴纳了罚款后，是否可以认定为合法化了？对此的底线是两条：一是就行政法而言，遵循"违法行为不受法律保护"原则；二是就民事权利而言，则遵循"任何人都不得从自己的过错行为中获利"的原则。所以，即便处罚了之后，仍应实施依法拆除的强制程序。

第四节　行政合法性推理

合法性推理也是一种逻辑推理，但与前面的三段论所指向的恰好相反，其指向是行政主体和行政行为。美国法学家伯纳德·施瓦茨认为，行政法可分为三个部分：①行政机关所具有的权力；②行使这些权力的法定要件；③对不法行政行为的补救。其逻辑是一种三段论。

　　行政合法性推理的法理依据自然是行政行为的合法性原则，这是依法行政的首要原则。正因此，这种推理在行政执法、行政复议和行政诉讼中最为常用。行政合法性推理主要包括行政主体合法和行政行为合法两个方面。

一、合法行政主体认定

　　代表国家履行职责的组织和个人，都需要由法律来规定其资格。在其他法治国家，一般有行政组织法和公务员法为其依据。我国已有《中华人民共和国公务员法》，但尚未制定《中华人民共和国行政组织法》，目前有《地方各级人民代表大会和地方各级人民政府组织法》作为依据，然而其内容受出台时尚未真正进入依法行政时代所限，未从法治政府的角度做出规范。2007 年 2 月国务院颁布的《地方各级人民政府机构设置和编制管理条例》，也仅从编制和机构职能的角度做了原则性规定，亦不是从法治政府建设的角度设计的，其主要目的也是控制行政机构规模。

　　对行政主体的法律规范，应该说是以 1996 年 3 月颁布的《中华人民共和国行政处罚法》（以下简称《行政处罚法》）为起点的。在这部堪称我国第一部行政程序法里，专设了第三章"行政处罚的实施机关"，规定了行政执法的三类标准主体，即法定行政机关、法定授权组织和行政委托组织。至此，行政执法主体的合法性有了明确依据。1996 年 4 月，国务院在贯彻实施《行政处罚法》的通知里也明确要求各地清理行政执法机构，对属于自行委托的和无法律授权的主体一律不得实施行政处罚。对执法人员的资格，也是该法第一次予以了规范，因为《行政处罚法》规定了行政执法人员调查或进行检查时要出示证件，即确立了亮证执法的程序规范。根据国务院 2004 年 3 月印发的《全面推进依法行政实施纲要》的明确要求，目前，所有行政执法主体都要经过法制部门确认并向社会公告。

（一）法定行政机关

　　法定行政机关即由公务员行使行政执法权。用法定做出限定，是表明，不是所有的行政机关都具有行政执法权的，其首先要有地方编制部门批准设立的机构和确定的管理职能，再要有法律、法规或规章规定的具体行政权力，包括许可、处罚和强制权等。从当时立法的本意看，法定行政机关执法是主体，授权其他组织行使行政执法权是例外和补充。在行政机关内部，也要防止两种不规范的情形：一是一些非常设的议事协调机构直接行使行政执法权，这在实践中时有出现；二是机关内设处室以自己的名义对外行使行政执法权。

（二）法定授权组织

《行政处罚法》第 17 条第一次规定了，法律、法规可以授权具有管理公共事务职能的组织在法定授权范围内实施行政处罚。此后的《中华人民共和国行政许可法》（以下简称《行政许可法》）第 23 条也做了类似的授权规定。从立法解释看，这类组织是指事业单位、企业单位和社会团体三类。事业单位自不用说；企业单位根据国家行政法规授权，具有行政处罚权；社会团体如残联组织有审批发放残疾人证的权力，这其实是一种行政确权。

（三）行政委托组织

《行政处罚法》第 18 条所确立的第一类执法主体，通俗的叫法是"委托执法"，即行政机关依照法律、法规和规章的规定，可以在其法定权限内委托具有管理公共事务职能的组织实施行政处罚。当然，委托执法的情形，目前实践中把握较严。其主要原因是，受委托执法组织的权力与责任不平衡。严格规范的委托执法，受委托组织不能以自己的名义对外执法，而要以委托行政机关的名义执法，相对人的复议和诉讼，由委托机关当被告，法律责任也由委托机关承担。内部当然可以有追究机制。但从法律的角度看，受委托组织只行使权力不用承担责任。这种权力与责任的不平衡，使得国家层面在以后的立法中都做了限制。《行政许可法》规定只可委托给其他行政机关代为行使行政许可权，而不能委托给事业单位。

（四）相对集中行政执法权

这是颇有中国特色的一种行政执法权的配置，第一次出现在《行政处罚法》第 16 条，其规定："国务院或者经国务院授权的省、自治区、直辖市人民政府可以决定一个行政机关行使有关行政机关的行政处罚权，但限制人身自由的行政处罚权只能由公安机关行使。"这就是平时所称的"相对集中行政处罚权"制度。最初，国务院以零售的方式，批准了北京等地的城管领域的相对集中权，后来批发给所有省、自治区和直辖市的政府自行审批。从目前来看，基本集中在城管执法领域。《行政许可法》第 25 条也做了相似的相对集中行政许可权的规定，但从实施情况看，国务院既未零售过地方政府行使相对集中行政许可权，也未将此权力批发给省、自治区和直辖市人民政府，所以相对集中行政许可权制度从未真正实施过。对这一具有创新性的制度，学界多人质疑，认为有违职权法定的原理和行政机关的正常序列。

（五）行政执法人员主体资格制度

行政执法人员的主体资格制度在《行政处罚法》实施前已有探索性实践，但没有统一的规范，《行政处罚法》的亮证执法制度的确立，客观上统一了执法证制度，使执法人员主体资格制度有了载体。其在实施过程中，主要面临了条与块的博弈，即由国务院各部委以条为主颁发执法证，还是地方政府以块为主颁发执法证。部分国务院部委实施了发证，而省、自治区、直辖市法制机构也都实施了统一发证。最终这一条与块的矛盾也没得到解决。各地都达成一种默契：领了各部委的执法证的，不再发给地方的证件，由各执法主体自行选择。但执法证制度，即行政执法人员主体资格制度确实从此得到了落实。

当然，与此发证制度相联系的是行政执法人员的培训制度也得到了加强。一般都规定了要经过一定的法律知识的培训和考试合格者才可获证。培训和考试的内容一般分为基础性法律知识和专业性法律知识两部分。在一些地方，还形成了定期培训讲授新颁布的法律内容的制度，作为换证的条件。实践中比较有争议的是关于协管员和协助执法人员的主体合法性问题。国务院法制办也曾做过专题调研。目前的共识是，协管员和协助执法人员两者是有区别的。协管员（如城市交通协管员等）只是协助"管理"人员，对违法行为进行劝导和制止，但没有处罚等执法职能；而协助执法人员则具有一定的配合执法的权力，但协助执法人员制度应该有规章以上的法定依据。比较典型的是公安治安联防队（不同地区也有不同的名称）是依据公安部的规章规定建立的协助执法队伍。其规范的要求是必须在民警的带领下，协助民警巡逻检查、制止违法行为和人员。此外，税务领域依据部门规章也有组建协助执法队伍的权力。

关于协助执法人员制度的必要性，应该说不能简单地否定，特别是在人口大规模导入的城乡接合部，其行政建制仍是乡或镇，但其人口规模和运行早已城市化，原来适应乡镇管理的执法人员配备远远不能适应城市化管理的需要，所以建立协助执法队伍也是执法和管理现实的需要，在一些大城市还很紧迫。在国外，为了减少行政成本，在小政府的前提下，也有辅警制度予以补充，所以也有国际的先例。

二、行政行为的种类

行政行为是19世纪行政法理论的创造。德国行政法学之父奥托·迈耶揭示了行政行为的本质特征，他的定义至今仍然具有决定性的影响："行政行为是指行政机关对相对人在具体事件中做出的决定其权利的优越性的宣示。"理论和实践均普遍以这一定义为据。

胡建淼教授将行政行为的基本范畴归纳为 20 种，也可以说是 20 对范畴，颇为全面。这 20 对行政行为的范畴包括：①内部行政行为与外部行政行为；②依职权行政行为与依申请行政行为；③羁束行政行为与裁量行政行为；④有利行政行为与不利行政行为；⑤作为的行政行为与不作为的行政行为；⑥肯定性行政行为与否定性行政行为；⑦要式行政行为与不要式行政行为；⑧明示行政行为与默示行政行为；⑨对人行政行为与对物行政行为；⑩主行政行为与从行政行为；⑪基础行为与执行行为；⑫实力行政行为与意思行政行为；⑬无条件行政行为与附条件行政行为；⑭中间行政行为与最终行政行为；⑮终裁行政行为与非终裁行政行为；⑯单一行政行为与共同行政行为；⑰实体行政行为与程序行政行为；⑱合法行政行为与违法行政行为；⑲有效行政行为与无效行政行为；⑳行政规定与行政决定。

正如胡建淼教授自己所说，其归纳并未穷尽。从其他学者那里还可看到多种行政行为的范畴。如：积极行政行为与消极行政行为；财产性行政行为与非财产性行政行为；经常性行政行为与偶然性行政行为；自律性行政行为与他律性行政行为；权利性行政行为与义务性行政行为；权力关系与非权力关系；一般权力关系与特别权力关系；支配关系与管理关系；秩序行政与服务行政；等等。

根据实践中所处的地位和功能的重要性不同，笔者认为，下列五对行政行为的范畴最有必要进行重点的阐述和分析。

（一）抽象行政行为与具体行政行为

这是以行政行为的方式方法为标准所做的分类，被认为是我国行政法最为重要的分类之一。但在实践中，这一分类一直被学界和实务界所争议。中国政法大学教授应松年先生对此做了原因分析。抽象行政行为是指行政机关制定和发布普遍性行为规范的行为。它不针对特定对象，具有普遍约束力。从我国现行立法体制看，抽象行政行为可分为行政立法（行政法规和规章）和一般规范性文件（决定、命令、规定、通告等）两类。广义的抽象行政行为包括前述两种行为，而狭义的抽象行政行为则仅指制定规范性文件的行为。后一种行为虽不属于立法行为，不受《立法法》调整，但其是行政机关管理经济和社会极为重要的、不可或缺的手段，也是宪法授予各级政府的一项重要职权。但目前学界对此关注不多。具体行政行为是指行政机关或授权主体、委托主体依据法律、法规和规章的具体规定，针对特定对象，做出对其权利义务产生影响的单方行为。这是最为面广量大的行政行为，是行政法不得不关注的中心。

（二）命令性行政行为与构成性行政行为

这是以行政行为的内容为标准所做的划分。命令性行政行为是指以命令或者禁止令的形式要求相对人履行特定行为义务，是对人的自由的规范，包括作为和不作为。前者如行政收费、责令拆除违法建筑，后者如临时性交通管制。构成性行政行为在德国行政法里也称权利形成性行政行为，是指建立、改变或者消灭具体的法律关系，是赋予自然人、法人以新的权利、能力的规范。如房地产登记、工商营业登记、普通行政许可、资格和资质类行政许可等。

（三）授益性行政行为和负担性行政行为

这是以行政行为对有关公民的法律效力为标准所做的划分。授益性行政行为用于设定或证明权利或者具有法律意义的利益。如各类行政许可、行政给付。负担性行政行为，在日本又称侵害性处分行为，其功能是对相对人的不利处分，可能是对权利的侵害，也可能是对权利申请的拒绝。如所有的命令和禁止令、登记或注册的取消、违法建筑的拆除等。有的行政行为对同一相对人可能同时是授益和负担。如申请人申请三项经营范围，工商行政部门经审核许可了两项而拒绝了一项，授益性批准的同时有负担性的申请拒绝。

（四）羁束行政行为与裁量行政行为

这是以行政行为受到法律拘束范围的大小为标准做的划分。羁束行政行为是指行政主体的行为被依法严格局限在极小范围之内，法律规范将行政行为的要件、行使方式以及行使效果都做了详尽规定，只要依照法条执行即可。裁量行政行为是指行政权因立法者的授予而享有较大的自由裁量权。两者都属于依法行政范畴，但羁束行政行为的违反后果是违法，即违背合法性原则；裁量行政行为的违反后果是不合理，即违背合理性原则。

（五）行政法律行为与行政事实行为

行政法律行为不难理解，指所有有法律依据、具有法律效力并产生法律后果的行政行为。可以说，前面所列举的所有行政行为，都属于法律行为。比较特殊的是行政事实行为，其又称为"不定式或非正式行政行为"，是与行政法律行为相对的范畴。行政事实行为因其种类繁多，无法统一规范，甚至没有统一的定义，因而国外行政法也大都未将其纳入行政程序法的调整范围，但在法理上的运用和研究还是比较丰富的。行政事实行为的概念在德国魏玛共和时代，由学者耶律纳克提出"单纯高权行政"后正式纳入行政法的理论体系之内。但总体上说，其性质仍是"立于法的灰色地带""学理上被忽视者""属未被理解的领域"。毛雷尔认为，事实行为必须符合各自的相应的法律要求。这一点，事实行为与法律行为原则上没有区别，只不过事实行为的合法要件一般比较宽松，大多享有所谓的法外空间。但是，如果采取事实行为的行政机关没有管辖权，或者侵犯了公民权，如财产权，就构成违法。韩国法学者金东熙在其《行政法》一书里给行政事实行为做了定义：其"是指行政主体不以发生一定法律效果为目的，而直接带来事实上的结果的行为方式的整体"。金东熙将行政事实行为分为以下五种：①物理性事实行为和精神性事实行为。如公共设施等设置和维持行为、预防接种行为、代执行的执行行为等属于前者，行政调查、报告、警告、行政指导等属于后者。②执行性事实行为和独立性事实行为。前者如代执行行为，后者如行政调查、行政指导等。③权力性事实行为和非权力性事实行为。如关闭违法的营业场所、强制隔离传染病患者、收管违法的关税物品的行为均属于权力性事实行为。④公法性事实行为和私法性事实行为。⑤内部性事实行为和外部性事实行为。前者如行政组织内部旨在进行文书编辑、整理，行政决定的预备行为等；后者如文件的接收、金钱的收纳和给付、人口普查等。行政事实行为一般指的是外部事实行为。德国行政法把"公共警告"作为事实行为的一种特殊形式。公共警告指行政机关或者其他政府机构对居民公开发布的声明，提示居民注意特定的工商业或者农业产品，或者其他现象，如所谓的青少年性行为。这在我国并没有行政法上的明确界定，更多地倾向于行政指导。日本行政法里有个"准法律行为的行政行为"，其是与法律行为的行政行为相对的，包括确认、公证、通知、受理。其中的通知与事实行为内涵一致。行政事实行为虽不产生法律效力，但能产生侵权等法律后果和法律责任。"事实行为必须负盈法律优越、法律保留以及比例原则，已是行政法学界不争之共识。"

近年来，随着行政事务的持续扩张和依法行政理念的强化，事实行为在国内外的行政法上都越来越扮演起重要角色。在我国，行政事实行为已纳入行政诉讼救济范围，但在复议和其他行政救济领域，因没有法律明文规定而并未统一地实施救济。仔细分析，对执行性行政行为的侵权，还有相应救济，对其他几类行政行为（通知性行政行为、协商性行政行为）的侵权救济都没有明确的说法，所以有的基本不救济，如通知、协商性行为；有的则更多地纳入民事救济。可见，在我国这是亟须完善的一个重要行政法领域。

三、具体行政行为合法性标准

《中华人民共和国行政复议法》第28条对一个具体行政行为的合法性，

除主体之外，确定了4条基本标准，即事实认定清楚、证据确凿，适用依据正确，程序合法，内容适当。结合实践，笔者概括为6个条件。

（一）事实认定清楚，证据确凿

事实分为客观事实和法律事实两种，客观事实是用逻辑能推理出来的事实，而行政行为所认定的是法律事实，即用确凿证据锁定的客观事实。所以证据对于依法行政来说是至关重要的。证据包括物证、书证、视听资料、证人、证言、现场笔录、鉴定书等。行政执法人员的基本素质之一是要学会发现证据和固定证据，以证明合法或违法事实。而这在现实中是执法人员素质中的软肋，根本原因是，我国还没有建立一套与行政管理和行政执法相适应的证据规则和取证程序规范。目前能作为取证规范的只有《行政处罚法》第37条规定的内容：一是调查或检查时要出示证件，即亮证执法；二是不得少于两人（简易程序除外）；三是收集证据时，可以采取抽样的方法；四是在证据可能灭失或以后难以取得时，可以先行登记保存。但这远远不能适应纷繁复杂的执法现状。现实中出现的一些乱执法的案件，有些也与缺乏证据规则和取证程序规范不无关联。所以，在国家层面上建立统一的行政执法证据规则和取证程序规范，已刻不容缓。

（二）适用依据合法

执法以事实为依据，以法律为准绳。每一个授益性行为和负担性行为都要有法律依据，这是依法行政的内在要求。从法理上说，合法的依据包括法律、法规和规章，实践中并无异议。有异议的是，规章以下的规范性文件能否作为执法适用的依据。目前，与行政执法相关的规范性文件有实施性文件、创制性文件和内部性文件三类，这三类文件在执法中有不同的定位和法律效力，需要把握以下几点：

其一，实施类规范性文件是指对法律、法规和规章做实施性细化的配套性文件。这类文件可以作为执法的依据，但只能与法律性文件配套适用，不能独立作为执法依据；在行政复议时，当事人对这类文件有异议的，可以一并提出合法性审查的请求，但不能单独就规范性文件提出复议。审查这类文件合法性的标准，简而言之是两条：不得增设管理相对人的义务；也不得减少管理相对人的权利。

其二，创制类规范性文件是指被授权改革的部门和领域依照职权，根据改革的需要制定的规范性文件。这类文件的内容可能已对现有法律规定做了一定的变通规定，但不能违背基本的法律原则和原理，不能与国家大政方针相冲突。

最早在深圳促进改革创新的地方立法和上海浦东新区由国务院授权综合配套改革试点中涉及了这类创制性文件的合法性问题，最终，各方都达成了共识。如上海市人大常委会专门做出决定，授权市政府和浦东新区可以制定规范性文件，在综合配套改革的三大领域（政府职能转变、经济运行方式改革和城乡两元结构调整）内可以对地方立法的内容做变通规定；国家 16 个部委也分别授权浦东对现有法律制度做变通性执行。当然，这类创制性文件是可以独立作为行政执法的依据的。

其三，内部性文件只是行政机关实施内部管理的制度，其性质与行政执法和履职没有内在关系，所以不是执法的适用依据。但有些文件具有内部性和外部性混合的性质，就需甄别和推敲。例如，规范执法队伍纪律和管理的规范性文件，虽属于内部管理性文件，但执法人员的纪律是要接受管理相对人监督的，所以又具有外部性，这类文件应该是执法时要遵循的规范。

其四，上述三类文件，只要是作为执法依据的，都应当向社会公开，只有纯粹的内部性文件不用向社会公开，即不属于政府信息公开的范畴。

（三）符合法定权限

所谓法定权限，是指法律、法规和规章对具体行政行为和处分应有明确的裁量方式和幅度的规定，在此方式和幅度之内的都属于行政自由裁量权限，都具有合法性。但会存在畸轻畸重的不合理性问题，需要进行合理性的审查和把握。需要指出的是，法定权限，有上限和下限规定，一般不能超出上限是有共识的，而对能不能超过下限进行处分（如法定罚款额为 1000 元至 10 000 元，能否罚 1000 元以下）就有不同的认知了。有观点认为，按照刑法的规则，从轻处罚是在法定刑限度内按较轻的刑罚予以处罚；减轻处罚则是在法定刑以下做出处罚。既然《行政处罚法》规定了从轻和减轻两种方式，尽管未区分情形，也可以参照刑法规则，在法定处罚幅度以下做减轻处罚。对此，笔者认为明显不妥。理由如下：其一，按照法定原则，《行政处罚法》第 27 条规定的依法从轻或减轻的情形，并未对从轻与减轻的具体标准予以明确；而《刑法》在第62 条和 63 条分别对从轻和减轻的处罚标准予以明确。所以这样参照缺乏法定依据，违背了依法行政原则。其二，从《行政处罚法》的立法本意来看，也并未想赋予这种权力。从行政处罚设定权来看，规定了行政法规、地方性法规设定相关处罚时，都限定在上位法规定的种类和幅度范围内做出具体规定，部门规章和地方政府规章的罚款限额则由国务院或地方人大决定。其三，目前《行政处罚法》规定的与从轻和减轻相关的三种情形，也都没有可以在法定幅度以下执行的规定：第 27 条第 2 款规定，违法行为轻微并及时纠正，没有造成危害后果的，不予行政处罚。第 38 条规定，对违法行为轻微，依法可以不予行政处罚的，不予行政处罚。亦没有选择处罚幅度的权力。第 52 条规定，当事人确有经济困难，需要延期或者分期缴纳罚款的，经当事人申请和行政机关批准，可以暂缓或者分期缴纳。也没有在法定幅度以下处分的规定。最新的《中华人民共和国行政强制法》（以下简称《行政强制法》）第 42 条也只规定了执行和解制度，即实施行政强制执行，行政机关可以在不损害公共利益和他人合法权益的情况下，与当事人达成执行协议。执行协议可以约定分阶段履行；当事人采取补救措施的，可以减免加处的罚款或者滞纳金。

（四）程序正当

我国虽然没有一部综合性的《中华人民共和国行政程序法》（以下简称《行政程序法》），但已先后制定《行政处罚法》《行政许可法》和《行政强制法》，构建了行政程序法的主要体系。同时，各部门法也都有些相应的程序规定。所以检验具体行政行为的程序是否正当，可以对照相应的依据。另外，程序正当其实是一种形式正义，法定的程序是其底线，若行政机关认为不能满足相对人需要，也可自我加压，增加相关正义程序，如听证程序只在行政处罚法等部分法律规范中有明确规定，但若为了体现公平正义，即便法律没有规定的领域，行政机关也可自行决定举行听证。增加程序只要对公民和法人有利的，即便没有依据的程序，也是正义的、正当的。

（五）内容适当

这里的"内容"是指行政机关最后做出处分的内容，"适当"是指处分结果具有合理性。关于合理性推理，后面还有专门分析，这里不做阐述。

（六）形式要件合法

所有具体行政行为都是可以救济的，所以都应当是有书面形式的要式行为。除了上述内容外，书面形式要件的合法性也是必不可少的。否则，轻则会有瑕疵，重则造成行政行为无效。如行政处罚决定书未按规定盖上公章，该文书便无效；若盖的是机关内设机构的印章，也是不合法的。

四、对违法行为的纠正

《行政复议法》明确了违法行政行为的 5 种情形：主要事实不清、证据不足的；适用依据错误的；违反法定程序的；超越或者滥用职权的；具体行政行为明显不当的。对违法具体行政行为，根据不同的性质和程度，有行政违法确认权的国家机关应当依照职权做出不同的处分。

（一）撤销与撤回

所谓撤销是指由于行政行为形成过程中具有违法或不当的情形，因而要使该行政行为效力消灭，让法律关系恢复到原来的状态。当然，撤销权的行使也有限制。如对授益性行政行为，因行政主体的过错而撤销，会违背信赖保护的原则，也有害于法的稳定性，所以要加以一定的限制。

撤回是与撤销相对的概念。这个概念在实践中是无法回避的、经常遇见的，但我国行政法学对此的研究甚少。其实，这是个法理性概念，即使法律条文中未做明确规定，在实践中遇到此情形也是可以按照行政法原理做出处置的。当然，对撤回权也有必要的限制。"法律关系成立之后，没有发生任何事由，而以对私人带来不利的形式使其消灭，是不能允许的。与此相对，对相对人赋课义务，或者课处其他不利时，原则上可以自由地撤回。"也就是说，对授益性行政行为的撤回或废止，应当有法律的明确规定；对负担性行政行为的撤回或废止，则无须法定。在我国立法例中，也可找到相关的依据，如《行政许可法》第 70 条第（四）项规定："行政许可依法被撤销、撤回，或者行政许可证件依法被吊销的"需依法办理注销手续。这里出现了撤回的概念，但在前面未有相关的规定。说明在我国行政法体系中，这一概念还没得到系统的规范，这对实践带来了负面影响。有案例显示，行政主体不知道或者并不认同撤回权可以按照行政法原理行使（因为这违背所谓的依法行政原则），但又找不到依据，面临进退两难的境地。这有赖行政法的完善以及正确观念的宣传和普及。

（二）确认违法

其前提是违法行政行为不具有可撤销性，也称可废除性，即无法或无必要恢复原状的，只能确认其行为违法，其功能是作为当事人事后提起国家赔偿的依据。如行政主体对当事人做出的行政处罚决定违法（不管何种原因），具有可撤销性的，就可做出撤销的复议决定。若尚未执行的，就停止执行；若已执行了，可从国库里退还相应钱款，并依法赔偿损失。但如果对违法建筑实施的依法拆除行为构成程序违法，但违法建筑的事实认定清楚的，要恢复原状已不可能，也无必要，因其不是合法权益，本质上不受法律保护，因此，没必要撤销拆除行为，只做出确认违法即可。而从违法建筑的性质来看，也不具备提起国家赔偿的正当理由。

（三）变更

在行政法学理上，有违法行政行为的转换概念，其指行政主体在救济过程中发现行政行为有错误或瑕疵，但无法用程序补正的方法予以纠正，因而转换成一个合法、无瑕疵且具有相同实质及程序要件的行政处分行为。我国《行政复议法实施条例》第47条规定，对两种情形可以做出变更决定：一是认定事实清楚，证据确凿，程序合法，但是明显不当或者适用依据错误的；二是认定事实不清，证据不足，但是经行政复议机关审理查明事实清楚，证据确凿的。概而言之，除了程序违法不能变更而使之合法化外，对事实的认定、适用依据和内容的不合理性，都可以通过复议机关的直接变更而实现违法行政行为的转换，即变为合法。这主要是从节约行政成本的角度做的制度安排。但变更要有两个限制条件：一是不能背离原来行政行为的目的，对当事人的权利授予或限制应当与原行为相同；二是变更后的法律后果不能增加对相对人的不利。

（四）责令履行

对行政机关未依法履行职责，复议机关依法认定属于"不作为"的，应当责令其在一定期限内履行。对在复议期间，行政主体已自行改正，履行了职责的，可以向复议申请人做出说明，当事人撤回申请的，做终止处理；申请人不愿撤回的，则要做出确认违法的决定。经查实，行政主体在申请人申请复议前就已履行职责的，就做出驳回申请的处置。

（五）行政行为的瑕疵

在我国，这是个没有在任何法律文本里做出明确规范，我国法学理论界也未加以重视和系统研究，但实践中却常常遇到的疑难问题。日本学者盐野宏在其《行政法》一书里做了研究。在日本行政法里，瑕疵是个较为广义的概念，分为应予撤销的瑕疵、无效的瑕疵和可以治愈的瑕疵。应予撤销的瑕疵是指即使是有瑕疵的行政行为，要在裁判上否定其效果，也必须通过撤销诉讼；而无效的瑕疵是指在撤销诉讼以外的诉讼中，法院也可以认定行政行为因瑕疵而无效。前两种瑕疵的纠正都以行政行为有重大和明显的瑕疵为前提。而瑕疵轻微，并且有第三人的既存利益的，可以治愈，即通过追加、补充其所欠确定要件使其瑕疵消除。盐野宏甚至认为，"严格地说，这不是治愈，而应该视为不属于应予撤销的瑕疵的瑕疵"。韩国的行政法对行政瑕疵的理解与日本相似，认为瑕疵分为无效原因的瑕疵、撤销原因的瑕疵和不属于上述原因的瑕疵。但都是可以更正的。德国的行政法对"瑕疵"概念有不同理解。毛雷尔教授认为瑕疵与违法的含义相同，瑕疵即违法，违法即瑕疵。违法是指比较严重的、具有法律后果的瑕疵。中国台湾地区的行政法则区分了违法的行政处分和瑕疵的行政处分，对瑕疵采用狭义的解释。所谓瑕疵的行政处分是指一个行政处分在细节上存有小瑕疵，但并不影响其合法性，属于细微的不合法处分。

我国虽没有明确的有关"行政瑕疵"认定和救济的规定，学理上的研究也不多，但在实践中是广泛运用的一个法理概念。而其认定基本与中国台湾地区的行政法相似，为狭义的概念，即在违法行政、不合理行政之外存在一定错误，但不影响其合法性与合理性，因而无须纠正的具体行政行为。行政行为的瑕疵通常都是程序性和形式性的要件错误。实践中遇见的有：①行政机关内设机构以自己的名义答复相对人程序性问题；②书面答复或决定中有文字错误但不影响其合法有效；③对同一事实表述的文字有错误之处也有正确之处，但不影响对其事实的认定结论；④法律文书的期限超过法定，但未影响相对人的救济权利；⑤法律文书中应告知而未告知救济权利和途径；⑥数字计算错误或表述错误，未影响到对其客观事实的认定；等等。对瑕疵的纠正，有以下几种途径：其一，对程序性瑕疵进行补正，即行政机关向相对人补充履行规定的程序，并将结果告知复议或诉讼机关，复议或诉讼机关认定程序已补救的，予以维持。其二，瑕疵的转换，从某种角度说，复议或诉讼机关的变更就是对瑕疵的一种转换；另外，对无法补正的瑕疵，由行政机关自行向相对人做出口头更正说明，并记录在案，也是一种瑕疵转换的方式，在复议或诉讼中可据此做出维持决定。其三，对无须补正或转换的瑕疵，直接在书面决定中告知其不做纠正的理由。在德国行政程序法里，对实体决定不具影响力的瑕疵，宽松到可定义成"不具法律评价意义的瑕疵"或"不视为瑕疵的瑕疵"的地步。可见，对轻微瑕疵的处置，是可以不做实体处理的，但需要说明理由；其本意也应是为了节约行政成本。

（六）程序违法的处理

程序违法应当撤销或确认违法，这在前面已经有阐述。之所以单列出来专门分析，全因对程序违法的处分其实并不那么简单。对程序违法是否应当与实体违法同样对待？这其实是个疑难问题。毛雷尔在其《行政法学总论》一书里做了专门分析。在德国行政程序法里，如果程序违法的治愈是徒劳无益的，就不能主张撤销程序违法的行政行为。其中有两种情形：一种是程序违法事实上对实体决定没有明显影响的（徒劳无益的），就没必要撤销决定；另一种是事实上不可能做出其他决定的（治愈不可能），就不能要求撤销程序违法的行政行为。据此，需要把握三条：①程序违法的撤销请求权只适用于法律羁束行政行为，而不适用于裁量行政行为，防止行政主体做出其他决定；②以程序违法的原因为出发点，如果程序违法对实体决定没有影响，撤销请求权即不成立；③违法的"瑕疵"的原因必须"明显"，可以直截了当地认识并且没有疑义。而在我国的现有法律规定中，并没有对程序违法做如此具体的区分，客观上对程序违法都予以撤销的单一处置方式，造成行政成本过高。所以有必要对程序违法做出细化的救济。

（七）行政行为的重新做出

《行政复议法》第28条有规定，决定撤销或者确认该具体行政行为违法的，可以责令被申请人在一定期限内重新做出具体行政行为。该条同时还规定，具体行政行为被撤销的，被申请人不得以同一的事实和理由做出与原具体行政行为相同或者基本相同的具体行政行为。这是否与可以重新做出行政行为相矛盾呢？其实不矛盾，根据立法解释，这里所谓的同一事实和理由是指新做出的具体行政行为所依据的事实和理由与被撤销的事实和理由完全相同或基本相同，即没有改正原来错误的事实和理由而重新做出行政行为。这是行政复议法所禁止的。

当然，在实践中，行政机关对重新做出处分决定有为难之处，因为当事人在经过漫长的救济程序后，证实了行政主体行为违法，但最终其仍难以避免原有的处罚等负担义务，会有种被法律耍弄的对立感。这固然与相对人法律观念缺失有关。但面对这种情绪的对立，有错在后的行政主体再重新做出对当事人不利的处分，显然也有心理上的歉疚感。而若简单地"公事公办"，对政府的形象也会产生负面的影响。所以，关键是把握好《行政复议法》指的"可以"的分寸，即不是义务而是可以自由裁量的权力，复议机关要视相对人违法行为的恶性程度和社会负面影响度，考量重新做出具体行政行为是否必要，再决定是否责令行政主体重新做出。而若复议机关没有责令，那行政主体便不能擅自重新做出具体行政行为。

第五节　行政合理性推理

行政合理性推理，本质上是行政裁量权运用的适当性问题。其性质与行政合法性推理的形式（逻辑）推理不同，是一种实质（辩证）推理。其前提是行政主体和行政行为已具备合法性，即符合法定要件，但成文法并没给出唯一性的法律后果，有两个以上或一定的幅度可供选择，构成裁量。

这里的合理不同于我们平时讲的"法、理、情"里的"理"。在情、理、法三者关系中，是可以互为前提的，有合法但不合情、理的，如很多的恶法条都属于此类性质；有合情而不合法不合理的，如对孩子的过度溺爱而对旷课听之任之，护犊虽是人之常情，但从法律的视界，听任旷课不合理也不合法；有合理合情不合法的，如强制性调解，尽管结果双方都满意，但违背了自愿调解的原则。而行政法里说的合理是在合法的前提下的适当性判断，即不存在合理不合法的情形。

行政合理性的另一种表述是"行政自由裁量权"。自由裁量权的概念从德沃金于 1963 年发表《司法自由裁量》一文后才流行起来。但自由裁量所涉及的问题，是最近 50 年西方法学中"争论最热烈的少数问题之一"。

行政合理性是一个相对开放的体系，可以罗列许多种情形，但仍不能说已经穷尽。这里仅列出部分情形进行分析。

一、比例原则

比例原则被称为公法中的"帝王条款"，它可以追溯到 1215 年的英国《大宪章》中"人民不得因轻罪而受到重罚"的规定。比例原则又称"禁止过分"原则，要求对公民权利的限制或不利影响，只有在公共利益所必要的范围内，方得为之。它是指政府实施行政权的手段与行政目的之间，应存在一定的比例关系。比例原则的着眼点是"目的—手段"的平衡性，其包含三层含义：其一，妥当性，即所采取的措施可以实现所追求的目的，一个法律手段是紧紧服务于立法目的的，也是能达到立法所要达到的目的的；其二，必要性，即除采取的措施外，没有其他给关系人或公众造成更少损害的适当措施，意味着在诸多手段中选择对私人权益侵害最小的方法和手段，也被称为"尽可能的最小利益侵害原则"；其三，相称性，又称均衡性，即采取的必要措施与其追求的结果之间并非不成比例，只有在确定所要实现的利益绝对大于造成的权利损失时才能运用这一手段侵害权利。所以在德国，比例原则还与"禁止过度""最小利益侵害"

的术语相通，其内容是一致的。我们最常用的一个比喻是"打蚊子不必用大炮"，这与21世纪初一位著名行政法学家弗莱纳的一句脍炙人口的名言"勿以炮击雀"惊人地相似。英国学者对比例原则的接受，似乎仅限于基本权利的领域；如果在某一给定的条件下需要采取某种公共行为以限制某项基本人权，这种限制"必须是必需的，并且是与被限制措施所要避免的损害呈比例的"。任何超出这一限度的限制都是非法的。

在实践中，遵循最小的利益侵害原则，仍是需要强化的理念。因为这一理念在执法人员包括领导干部中并未真正确立。所谓最小利益侵害的含义是，即便是针对违法者，对其正当的权利仍要给予充分的保护，应该让处罚控制在最小的利益侵害幅度内，将惩罚这种"恶"限定在必要的范围内。2010年《国务院关于加强法治政府建设的意见》也明确要求："行政执法机关处理违法行为的手段和措施要适当适度，尽力避免或者减少对当事人权益的损害。"如依法没收违法工具，不是所有与违法行为相关的工具都可予以没收，而是工具本身具有违法性或属于违禁品，而可以用于合法功能的工具都不应该予以没收。而现在较为流行的是"乱世用重典"的观念，使最小利益侵害原则不受到重视甚至认同，这是需要防止和矫正的。

二、不确定的法律概念

"不确定的法律概念"在行政法里已是个专有名词。其是指未明确表示而具有灵动的特征的法律概念，其包含一个确定的概念核心以及一个多多少少广泛不清的概念外围。因其内涵的不确定，在法律解释特别是在具体案件的适用中存在很大的困难。其首先是一个主观认识问题，只有在谨慎、全面地考虑、评估和权衡各种观点的情况下，才可能做到这一点。但同时，面对不确定的法律概念，行政机关又不能回避，必须做出明确的决定。关于"不确定的法律概念"，德国的毛雷尔列举了如下概念：公共利益、共同福祉、重要根据、交通利益、可靠性、能力、必要、特别困难、难看、对自然风景不利等。在中国台湾地区的行政法里，一般将不确定法律概念分为两种：经验概念和规范概念。经验概念涉及实际的标的、事件，即涉及可感觉的或其他可体验的客体（如黎明、夜间、危险、干扰等）；反之，规范概念则必须经由评价态度才能阐明其意义，其不可避免地内含主观的因素。这些概念，在中国的法律文本中，同样是难以客观界定的"不确定的法律概念"，不过我们的实践中可能会遇到更多这类不确定的概念，如情节严重、重大事故、重大行政决策等。

"不确定的法律概念"在美国的法律制度中则体现为制定法解释的客观性。

波斯纳举例：有个制定法就规定，进口蔬菜要征税，进口植物果实则不用征税，这就发生了关税是否适用于番茄的问题。因为对于植物学家来说，番茄是一种植物果实，豌豆和大豆也是植物果实；但是对于普通大众来说，这些都是蔬菜，都不能当水果吃。就此例子而言，番茄除了是个不确定的法律概念外，还涉及对常识的认知问题，这是另一个法理问题。

如何解决"不确定的法律概念"的适用问题？德国曾经以"判断余地理论"予以处理。根据判断余地理论，行政机关通过适用不确定法律概念获得了一种判断余地，即独立的、法院不能审查的权衡领域或判断领域；行政法院必须接受行政机关在该领域做出的决定，只能审查是否超出该领域的范围。合理性理论也得出了类似的结论：在两个案件中，多个解决办法都是合理的，行政机关在此合理性的范围内做出的决定都应视为合法。但后来，法院不再承认行政机关享有绝对的判断余地，强调行政法院原则上应从法律和事实两个方面对行政决定进行不受限制的审查。但对属于"不确定的法律概念"的政策性行政决定以及考试、环保和经济领域的预测与评估等，仍适用判断余地理论。在中国台湾地区，法院对行政机关就不确定法律概念之解释，可无限地加以审查，并不受行政机关解释之拘束。但也有两种例外情形，适用判断余地：一是从"事物本质"出发，适用"适当性"理论，即对模棱两可的"临界案型"的评价，保留为行政机关的责任；行政机关有"评价特权"，法院无能力审查的亦由行政机关保留。二是从"实体法"出发，授权行政机关有最后决定权。具体类型包括：考试等不可代替的决定；由独立的专家及委员会做出的评价决定；环境、社会秩序等预测决定；社会事业发展等计划决定；高度专业的技术性及政策性决定；涉及地方自治事项之不确定法律概念。

在我国，行政诉讼只对行政处罚的适当性问题做合理性审查，其余领域都不做合理性审查，即承认行政机关的自由裁量权。我国对"不确定的法律概念"并未在实务层面做过明确界定和审查权限分解，所以行政诉讼中并不能排除法院对其会进行审查。这有赖法理学界和行政法学界对此进行实务层面的系统研究，明确司法审查范围，以使这一不确定但实践无法回避的领域变得确定和可操作。

三、符合法律目的

依照法律授权，行政机关在授权范围内可以行使"自由裁量权"，即决定可以采取何种手段。但这种裁量权必须符合法律规定。德国《行政程序法》第40条规定："如果行政机关被授权根据其裁量而作为，它必须按照授权的目的行使裁量权，并遵循裁量权的法律界限。"实践中有这种情形：执法者有行政强制权，但你在实施时是不合理的。如：行政主体有扣车的行政强制权，但你扣车的目的是让车主能及时来缴罚款，相当于一种抵押行为，这就违背了法律目的，是不合理行政的一种。因为按照行政强制法的规定，扣押的法律目的是制止违法行为、防止证据损毁、避免危害发生、控制危险扩大四种情形，而没有确保收到罚款而实施扣押的依据。法律上虽给了行政主体扣车的权力，属于合法行为，但不符合法律目的，因而属于不合理行政行为。在英国行政法里，不适当的目的最常见的情形是行政机关对其权力的错误解释，有时则归因于对公共利益的过于热心。而行政权本身存在着需要依其适当的设立目的行使的属性，离开了这一适当的目的而行使的行政权，将会因不适当的目的而使其结果无效，而不是撤销。

四、具备合理动机

反而言之，有一种不合理的行为是动机不合理。如法律并不禁止行政执法主体天天到经营场所去巡查，但如果是因为该行政机关与相对人之间的行政诉讼刚败诉了，为了"出这口气"而派执法人员天天去执法检查，虽是合法行为，但其动机不纯，不是为了维护市场和公共秩序，而是为了找碴儿报复，这就是一种不具有合理动机的行为。

五、考虑相关因素

在行政法里，如果决定者考虑了在法律上认为不相关的事实或者没有考虑相关的事项，则权力没有被依法行使。因此，行政裁量过程中，要考虑相关因素，合理地做出裁量。

六、排除不相关因素

有时，与要考虑相关因素相反，行政裁量时要排除不相关因素。在英国行政法里，就不相关因素而言，只要考虑了，则一定是非法的；但对于相关因素而言，则不一定是必须考虑了所有的相关因素后才是合法的，也就是说，疏于考虑某些相关因素，并不一定构成结论违法。只有当制定法明确或者默示地规定了行政机关在行为时必须考虑某些因素的要求，并将这条件作为其法定的义务时，疏于考虑这些相关因素的决定才是非法的决定。以对违法行为的处分为例，法律的要求是遵循"错罚相当"，即有多少错承担多少责任，接受多少惩罚。哪些是应该排除的不相关因素呢？一曰领导批示，是否意味着要求从严处理呢？二曰熟人打招呼，该卖这个人情吗？三曰国有单位或下属单位，自己人相煎何急？四曰违法者经济困难，怎下得了手？这些因素的考虑都背离了"错罚相当"的原则，与所要处分的行为无法律上的关联性，都是不应当考虑的。

七、保持法律适用与解释的一致性

赋予行政机关裁量权，可能会出现这样一种情况：各个行政机关针对完全类似的情况会做出不同的决定。这就损害了法律的稳定性，也会造成法律的不公正。所以，在适用法律时，要保持法律解释的一致性，不因执法人员的认识不同而不同，不产生畸轻畸重的结果，更不能因为个人的好恶而滥用行政裁量权，从而背离公平原则。

八、已尽专业的注意

所谓专业的注意是针对行政主体而言的。因为其接受过专业训练，对行政行为所要实现的目标是有能力实现的。所以对执法人员的要求不能等同于对普通老百姓的要求。例如，在行政许可或审批行为中，应当对申请人提供材料的真实性予以审查。一般而言，对于明显作假的材料，应当审查出来，如身份证件、房地产登记材料等，都是应当能审查出来的，除非作假的水平极高，不依靠仪器设备很难看出来的情形，除此之外未审查出来都应该认定是未尽专业注意，是不应有的疏忽。

九、按普通人的理性和常识推定

在英国行政法里，有个被称为"温斯伯里判据"的著名原则。其基本含义是，如果行政机关做出的决定太不合理，以致任何有理性的行政机关都不可能得出这样的结论的话，法院就可以宣告某一不合理的行政决定无效。其本质是根据普通人的常识断定行为人决定的合理性，这一原则的依据是，所有的行政机关在法律上都被推定为是由有理性的人组成的，因此他们做出的决定应当是符合普通人的理性的。如在英国1996年的一个判决中，上诉法院就认为，不合理的决定之所以不合理，是因为它超出一个通情达理的决定者所能做出的反应的范围。但是在判定某一行政行为的决定者是否超出了这一适当的界限时，对人权方面的相关因素的考虑是非常重要的。

十、措施得当，方式得体

在行政执法行为因有法律授权而具备合法性的前提下，行政行为的方式和措施是否得当也会构成合理性问题。我们强调的文明执法，不是越刚越好，也不是越柔越好，而是方式得体，措施得当。举例来说，城管部门曾经向交警学习，想借鉴其文明执法的方式，包括敬礼、告知权利、说明违法事实等，但实践后发觉无法照搬，因为在整治乱设摊位等行为时，还没等城管执法人员敬礼，相对人早就逃跑了，根本没机会敬礼、告知权利等。这说明，文明执法方式不是千篇一律的，是从各自的执法情形中归纳、总结出来的，也不是要求越高越好。如现场执法的方式与受理窗口的执法方式就明显有差别，前者需口头告知，后者则在窗口或电子平台书面告知即可。执法方式和措施不文明，并不一定构成违法，但一定是不合理的，需要纠正的。

第六章　法治思维的发展演进

法治思维内涵丰富、外延宽广，它将法律作为判断是非和处理事务的准绳，要求崇尚法治、尊重法律，善于运用法律手段协调关系和解决问题。我们应准确把握法治思维的基本含义和特征，正确理解法治思维的基本内容，逐步培养法治思维，提高运用法治思维分析、解决问题的能力。

第一节　法治思维的形成演进

西方社会历史中的法治思维理论与中国历史传统中的法治思维理论既有其一致性的一面，也有显著的不同。人类思维发展的规律告诉我们，思维方式与各国、各民族的社会实践、民族精神和时代主题相结合，产生不同国家和不同民族的思维方式；思维方式与各个历史阶段的历史实践、历史精神和历史主题相结合，产生不同历史阶段和历史时期的思维方式。因此，考察法治思维在西方社会历史和中国历史传统中的表现形式和内在机理，并对指导中国社会主义法治建设的马克思主义法治思维的革命性意义进行探索，将有助于我们同时从历时性和共时性角度更深刻地理解法治思维的概念。

一、法治思维形成的基础

思维的形成有其自身的规律。法治思维不可能自动形成，而必须建立在诸多基础上。而国家法治实践的有效开展，则是法治思维形成的外在社会基础。

法律人一致追求一个梦想，就是希望社会治理能够建立在法律基础上。法律人把社会看作"属于同一社会结构的某些人构成的，这些人受一定的法律原则或道德准则支配……"。并且，共同受法律规范支配的整个社会成员，应当共享一种相同的思维方式，即法治的思维方式，并将其作为国家治理的主导性思维方式。之所以强调是整个社会成员而不仅仅要求个别人受法治原则支配，是因为思维形成的一个原理是，只有当某种思维模式在人群中形成固定的、主流的思维习惯和框架，才能成为人们的主体思维结构。也即，只有当一个社会在理性选择基础上形成了以法治为主导的社会运作模式，我们才可以说，这个社会的法治思维方式已然形成了。相反，如果仅仅有少部分人甚至是个别人在崇尚并推行法治，则表明法治思维还不足以成为整个国家的主导性思维方式，也表明法治思维还难以真正在这个社会立足。那么，法治思维如何成为一个社会的主导方式，一个社会要形成以法治为主导的思维方式，应当具备什么样的基础和条件？欲探究这一问题，就有必要思考一下"法治思维"的语词内涵。

关于法治思维的内涵，不同学者有不同的界定。但是，不管如何对"法治思维"进行定义，其最基本的内容，肯定都离不开"法治"，即人们是在运用以法律为主导的方式来管理国家和社会。其一，法治思维的首要表现就是了解、理解、认同、贯彻"依法治国"的基本方略。法治这种治国方略，代表着依法办事的社会生活方式，承载着理想的社会秩序追求，内含着民主、自由、平等、人权、理性的法律价值和理念。作为一种社会治理方略和调控方式，法治的基本要素和机制包括：社会主要通过法律来治理；社会整合应通过法律来实现；立法政策和法律必须经民主程序制定；法律必须建立在尊重和保障人权的基础之上；法律至上并具有极强的权威性、稳定性、连续性和一致性；公正地调整社会利益关系；能够有效地制约国家权力，防止国家权力的失控和变异；能够实现社会价值的衡平与互补。当然，其中的核心是，规范和制约国家权力，防止权力滥用。塑造法治思维，就是让多数国民在了解、理解上述法治基本理念的基础上，逐步有意识地确立法律至上、权力制约等理念，并逐步内化为日常的行动。在理想的法治状态下，不仅法律职业家阶层要秉持法治思维方式，严格实行法律规范，而且公权力的掌控者和行使者也应当认同并具有法律职业家阶层所倡导的法治思维方式，从而法治成为一种被多数人认同的群体性思维惯性，整个国家能够奉行法律至上、权利平等和社会自治等理念，从而去制定执行法律、管理社会事务、建立和维护社会秩序。其二，法治思维应当以规范性思维作为管理国家和社会的核心思维方式。所谓规范性思维，就是要求一个社会的全体成员，将宪法、法律、法规、规章等法律规定，作为自己思考问题的出发基点、个人行为的基本准则、公权力行使的边界和界限、社会评价的主要标准和依据。规范性思维具体体现在四个层面：规范性思维第一个层面的含义是，对公权力掌控者尤其是领导干部来说，贯彻规范性思维，就是将宪法、法律、法规、规章等法律规定，作为公权力行使的依据、边界和界限，确保行为的合法性，同时，还应当力求使公权力的行使符合法律的基本规则、精神和价值，保障行为的合理性和正当性。规范性思维第二个层面的含义是，将法律规定作为评判社会行为的基本标准。日常生活中，当面对一些社会事件时，人们往往会自觉不自觉地运用自己的主观标准做出一定的评价。这种主观标准可能是道德的、习惯的、政治的、经济效益的标准，或者是具有很强个人偏好特征的标准，依据上述任一主观标准进行评价，都难免引发公众的认识分歧，因为不同人会有不同的评价标准。法律作为一种具有高度共识的社会规范，本身具有判断、衡量他人行为是否合法或有效的评价功能。由于法律标准具有客观性、确定性、明确性，因此，在绝大多数情形下，依据法律标准做出的评价结论，尤其是严格依据法律程序做出的评价结论，往往最具有客观性和权威性，引发的社会分歧也最少，因而也具有法律效力上的终极性。规范性思维第三个层面的含义是，将一切社会纠纷纳入法律的框架内来解决，社会上不能出现法律不能调控的不毛"飞地"。单就社会纠纷的化解来说，法治应当成为基本和主导的纠纷化解方式，行政复议、仲裁、司法等法律规定的基本纠纷解决方式，应当成为人们表达法律诉求、实现利益博弈的基本法律程序和路径。除了原本属于社会自治范围的事项外，法律外的纠纷解决方式，无论是经济的、行政的，或者是道德的、权力压制的方式，最终都应当符合法律的规定，不得背离法治运行的基本原则。规范性思维第四个层面的含义是，法律程序优先于实体规定。法律程序是人们进行法律活动所必须遵循或履行的法定的时间与空间上的步骤和方式，体现为按照一定的顺序、方式和手续来做出决定，法律程序有助于实现对不当行为的抑制，保障实体权利和义务的确立合法。其三，努力促进公平正义的法律价值的实现，是法治思维的目标所在。任何社会都是由一定的价值准则整合起来的。在社会资源和财富的分配与再分配、社会结构的建立与整合、社会阶层的流动与重塑、执法的目标追求以及社会矛盾的化解等社会各个领域，都应当以公平正义等社会基本价值观来进行统筹，从而凝聚社会共识，实现社会正义。

法治思维虽然美好，但不可能自动形成，而需依赖于诸多的基础和条件。从微观上看，首先需要个体的公民掌握一定的法律知识；从宏观上看，则需要整个国家能够真正践行法治，并累积人们对法治的信心。只有实现了法治知识、法治实践和法治信任的有机结合，法治思维才可能真正形成。

（一）个人掌握法律知识是法治思维形成的微观内在基础

思维的形成有其内在的规律。当然，到底什么是"思维"，关键还要看人们以什么样的角度来界定。例如，如果认为"思维"包括对周围世界的无限简单的了解，以及初级的模糊的愉快感觉，那么，连水母这种简单的生物也具有这种原始和单项的思维。哲学视角的"思维"，指的是长久而又普遍起作用的思维方法、思维习惯，思维形式和思维结构中的规律性，是人的思维定式和"内在化"认识运行模式的总和。自然科学视角的"思维"始终与人的大脑活动相关。自然科学把思维看作大脑对客观事物的反映、认识与实践活动，认为思维是人的大脑中一种可派生出和可表现为高级意识活动的物质运动，思维离不开人的大脑变化和神经进化，人的大脑"将接收到的每条信息进行抽象处理，然后按照事先存入的'程序'加工每条信息"。大脑对信息的加工，既包括对客观外界信息的加工，也包括对主体的生理、心理需要和概念客体等信息的加工，以及从价值上对外部信息进行的选择和取舍。思维还包括记忆和想象，以及对环境进行估量、做出判断，并以此判断为根据来确定自己应当采取的行为。除了上述显在的思想活动外，思考过程中还包括一些次级过程，如困惑、犹豫、怀疑的状态，以及经过一番思考或考察，在进一步查明事实的基础上，借以证实或否定所想到的信念等。心理学关注"思维"，主要注重考察认识发生的心理学基础。关于认识是如何发生的？认识的信息到底全是由客体决定的，还是像先验主义所述的那样，是一种主体天生的天赋？经验主义心理学认为思维的中心概念是"联想"；生物学家拉马克认为所有的认识都受到经验的影响；而语言学家乔姆斯基、生态学家洛伦兹主张认识的结构是天赋的。发生认识论的主要代表人物皮亚杰则认为认识的建构是通过主客体的相互作用起作用的，即认识存在一个自身的建构过程；认为在认识的主体与客体两个极端之间，存在着感觉或者概念等中介物，即认识起因于主客体之间的相互作用。总之，思维既不直接存在于客体之中，也不是先天所固有的，而是起源于主体的活动；认知既不是单纯依靠环境的改变，也不能认定为一种先天的能力，它离不开人的自我调节，即个体受到外界刺激或者环境的作用所进行的变化和调整以适应环境的反馈。

　　总体来看，古代人的思维已经开始以经验性的知识法则为坐标，并于时空层面开始分享他人的经验和人类群体的历史经验。与古代人相比较，现代人的思维方式建构特点为：其一，以间接经验代替直接经验，以符号化、系统化的标准答案和规范内容排斥人的新鲜体验和虚拟感知等情感知觉力量。在自19世纪以来的教育制度的支配下，大多数人在30岁以前的人生经验主要靠书本知识来获取，其思维素材相应地主要由抽象的符号经验和认知情感构成，而感性化的直观经验对青少年思维方式的建构则被削弱。其二，有关科学技术的知识压倒了艺术、游戏想象和内在审美等活动的经验表象，人的心灵日益被概念化的符号体验、物化的价值目标、实用化的工具感性和反客为主的客观知识所主宰。当然，古今中外共同的一点是，不论人的思维的内容是什么，思维的形成都离不开语言，因为语言对人的思维方式的形成具有重大作用，语言中内涵的人类文化（语符、观念和知识原理）对大脑的信息内容改变和结构模式发展会产生重大的影响，受语言和文化媒介的影响，人类能够依靠想象、推理和领悟能力虚拟未来或探索未知领域，并做出影响未来的行为抉择。

在现代社会，法律知识的学习对法律思维的形成无疑是十分重要的。法律思维的塑造与法律语言、法律知识、法学理论紧密相关。借助法律语言、法律知识和法学理论，人们才可能形成正确的法律判断、推理能力，以及依循法治路径的思考习惯。对个体来说，法治思维形成的理想路径是，能够通过对法律知识的系统学习，全面掌握现行法律体系和法学原理的基本内容，掌握各种权利与义务的法律规定和法律救济程序；遵循法律价值，进行法律解释与法律论证；依据法律规定，合乎事理地做出预防法律纠纷的方案，并合乎事理地处理已然发生的法律纠纷，以维护一个公平、合理的社会秩序。不过对于绝大多数普通公民来说，通过系统地学习法律专业知识而塑造法律思维的可能性不是太大，但这并不表明普通公民无法形成法治思维。对普通公民或者执法工作者来说，法律知识的学习固然是重要的，但是，如果不能够系统地学习法律知识，他们的行为依然可能是符合法治要求的。这是因为，对普通公民来说，他们只需要在工作、生活中了解并运用与其自己的生活紧密相关的那一部分法律知识就足够了。甚至可以说，哪怕一个人对具体的法律规定知之甚少，但是，只要他遇到纠纷、矛盾、问题时能够想到法律，想到运用法律方式、通过法律途径去解决纠纷，他就已经具备法治思维了。从这个角度来看，通过对法律知识的"学习"而塑造法治思维，仅仅是法治思维形成的主要途径，但绝不是唯一的途径。

当然，我们无法用一个统一的标准去测量不同群体、职业的人是否具备了法治思维。因为不同的人，由于职务、职责、具体工作对象和内容不同，对法律知识的需求、直接运用法律规定的可能性也并不完全相同。从国家法治的运作需要来看，立法者、行政执法者、司法工作者等，是最应当掌握较为系统的法律知识、具备法律思维、严格恪守法律制度的群体。因而，法治思维的培养对象首先应当是国家公职人员，尤其是各个层级的主要领导人员。当然，这样讲并不是说普通公民就不需要学习法律知识了，只是说从"法治"的运行角度来看，从约束公权力、确保公权力能够依法行使的角度来看，他们是最应当首先具备法治思维的群体。实际上，普通公民的守法意识、依法表达诉求的习惯和风尚的形成、依法参与纠纷化解的日常活动，对整个国家法治思维的形成更具有根本意义。因为每一个公民法律知识的培养、法律意识的塑造和法治行动的养成，都构成了全社会法治思维形成的微观内在基础。

（二）法治实践的有效开展是法治思维形成的社会基础

法治思维的真正形成，虽然与法律知识性的元素紧密相关，但又绝不仅仅以公民个体大脑中法律知识的增量为主要基础。比法律知识增量更加重要的是，人们内心对法治的确信和信仰。正如美国学者杜威指出的，思维立足于信念，立足于被信以为真的知识，而信念的建立，则需立足于可靠的理由和基础。然而，人们对法治的内心确信的理由，绝不可能由个体的人自身来提供和完成，而需要通过社会的法治实践对法治信念的不断强化来完成。因为人的思维活动，不是对外在信息的简单机械复制，而是对其意义进行再组织和创新的过程。思维的形成虽然离不开大脑的神经系统，但更离不开外部的、特定的某种刺激，因为思维依赖于现实。在外部环境的刺激下，人的神经系统会做出反应，借助长期的经验，人形成了记忆、学习、联想和思考。"思维活动始于客观世界，同时又必须回归于现实时空，在此活动中主体会创造一个有意义的系统。"因此，面对冷峻严酷的社会现实，人们总有自己的判断，会根据自己对社会生活的观察、感受和经验，做出最真实、最理性的行为预测和行为模式选择。正如杜威所言，思维的形成是"这样一种思维活动，即由观察到的事物推断出别的事物，将前者作为对后者的信念的依据或基础"。这表明，纯粹理论性的法律知识，仅仅构建了法治思维的理论前提，给法治思维的形成提供了可能性。但法治思维的这一理论前提和可能性在社会生活实践中要变为法治思维的现实性，以及人们在形成法治思维之后，能够长久坚持，很大程度上则要靠法治的日常实践来重塑或改造、强化或弱化。可见，法治思维形成固然很难，坚守也非易事。法治思维是一种动态的、可能变化的思维方式。鉴于此，认真落实和践行法治，才能够向社会公众传递出准确、有效的法治信息；真实而有效的法治实践，才能够让人们在内心确信法治的优越性、必要性、合理性和正当性，确信"法治"的确是自己最为理性的行为选择，从而在内心认同法治，在行动中实践法治。

法治思维的培养，需要整个国家认真落实依法治国方略。要让老百姓在日常生活中而不仅仅是在官方的媒体宣传话语体系中真切感受到，法治是在不断进步的，是的的确确起作用的，感受到法律的确是比"权"大的。这样，人们在内心才可能形成对法治的认同和确信，才能有更多人转向并坚定法治，累积法治思维发展的"正能量"。当前，在法治实践中应当重点改进三大问题：依法执政、对党政主要领导干部的制约与监督、司法独立的维护与信访法治化。第一，依法执政。依法执政是中国共产党对新中国成立以来执政理论、执政经验和执政规律的科学总结，也是执法为民的基本要求，依法执政要求依法界分党的领导权、执政权和国家政权的关系，为党依法执政提供制度和体制保障，把党内民主和国家政治社会生活的民主加以制度化、法律化。依法执政不仅意味着执政党在处理政务、事务时必须依据法律，更重要的是党组织不能直接行使未经宪法、法律授权的权力，更不能超越宪法、法律的规定去处理具体的政务、事务，而应当依照宪法、法律规定的权能归属，由特定获得宪法、法律授权的国家机关依照宪法、法律处理自己权能范围内的政务、事务。第二，强化对党政主要领导干部的制约与监督。公权力的制约和监督是法治实践的核心，重中之重应当是对党政主要领导干部运用权力的合法性监督。近年来，一些社会影响重大的事件和案件的发生，其背后，多是由于权力寻租在作祟。公权力制约不力，影响的绝不仅仅是公权力自身，还会严重瓦解法治思维的根基，甚至会从根本上颠覆老百姓对法治有效性的信任。第三，司法独立的维护与信访法治化。从一定意义上来说，这是两个紧密联系的问题。在社会纠纷的化解中，司法等法律规定的基本方式，应当成为主导的方式，依据司法程序做出的生效裁决，具有法律效力上的终极性、客观性和权威性。其他社会主体虽然可以对纠纷化解依法监督，但是不能在司法外另搞一套、另行处理，尤其不能以行政方式替代已经进入司法途径的纠纷化解方式。当前对司法体制造成较大影响的信访应当积极依法规范。信访固然是党和国家倾听民众呼声的合理渠道，但在确保严格依照法律实现信访制度有效运行的同时，更应当注意促进信访、接访行为的规范化、法治化。通过信访、听证、终结等相关制度的完善，预防和减少无休止的缠访、闹访；在尊重信访这种法律权利的时侯，更要维护司法的权威，这样，才能够实现信访和司法两种制度的有机衔接和最优组合。

仅有少数国民奉行法治，很难称得上一个国家的国民具备了法治思维，因此，法治思维应当是全体国民共享的一种"集体性""群体性"思维方式。"法治思维"这种群体性的思维方式的形成有赖于个体法治思维和整个国家法治实践的有机结合。作为一种治国的"思维"方式，法治思维不存在于法学书本上，也不存在于法治浪漫主义者的盲目乐观和想象世界中，而存在于每个公民个体的大脑中、民众的日常行动中和国家权力与制度的运行实践过程中。一个民族的法治思维方式，固然和人们对法律知识的掌握程度紧密相关，但更和一个国家多数人的行为习惯、日常思维方式以及国家权力运行的实践紧密相关。甚至可以说，在法治思维的形成过程中，法治实践的有效开展是更为重要的基础。

二、西方社会历史中法治思维的演变

追溯西方社会历史发展的脉络，法治思维的概念虽然没有被明确提出，但蕴含于众多思想家和政治家的理论与实践之中。从古希腊罗马时代城邦国家对政体与法治关系的探求，到中世纪教会法学家强调政治统治对法律的服从，直至近现代各大法学流派各具特色的法治思想，西方社会历史中的法治思维的源起与展开无不与其特定的历史背景和独特的思维方式密切相关。

（一）西方法治思维的源起

西方社会法治思维的历史源头当追溯到古希腊罗马时代。古希腊拥有许多著名的思想家和哲学家，他们的研究旨趣多在于探求自然界和人类社会的哲理以及国家政体理论，并在此基础上形成了对法治与人治的最初的辨析，为西方的法治思维理论定下了基调。西方社会的人治理论在经历了柏拉图的"哲学王"统治的现实失败后，基本走向衰落，亚里士多德提出了"法治应当优于一人之治"的著名论断，并严格地将法治之下的人的作用与人治区分开来，"即便有时国政仍须依仗某些人的智虑（人治），这总得限制这些人们只能在应用法律上运用其智虑……应该承认邦国必须设置若干职官，必须有人执政，但当大家都具有平等而同样的人格时，要是把全邦的权力寄托于任何一个个人，这总是不合乎正义的"。对于什么是法治，亚氏给出了对后世有着深远影响的经典解释："法治应包含两重意义：已成立的法律获得普遍的服从，而大家所服从的法律又应该本身是制定得良好的法律。"由此，法治含有两大要素：法的普遍性与法的优良性。法的普遍性构成了法治的形式要件，法的优良性构成了法治的实质要件。与古希腊的法治思想相呼应，古罗马以法律制度而闻名于世。罗马法被普遍认为是建立在简单商品生产基础之上的最完备的法律体系，尤其是对私法体系的构建，"以致一切后来的法律都不能对它做任何实质性的修改"，它确立了西方法治思维中的规则思维逻辑，不仅仅是任何普通的自由民众必须过一种法律的生活，而且官员必须要依法对民众进行统治，"官员是说话的法律，法律是不说话的官员"。为限制执政官任意地行使权力，古罗马"拟定各种法律来规定执政官的权力，任何高悬于人民头上的法律，都得是他们自己给予执政官的，这些，而且只有这些，才是他可以引用的，绝不许他们把自己的放肆和任性当法律"。正是由于罗马法所蕴含的丰富的法律精神、法律原理和一整套的详细而复杂的规则体系，实践意义上的法治思维从来都无法绕开对古罗马法治历史的深刻理解。

中世纪的法治思维建立于基督教神学之中，这缘于西方文化中法律与宗教的密不可分，近现代的很多法治理念和制度设计都与基督教密切相关，如"有限政府"理论、"公民不服从"原则、法律与道德体系的一致性原则、自由心证原则等。更有甚者，有些法律规范由基督教的历史经验与教义直接引申而来，"为美国宪法中一系列权利条款奠定基础的，就主要不是启蒙学者们美妙的理论，而是早期基督教殉道者反抗罗马法律的勇敢实践，是17世纪清教徒保卫其信仰和良心不受侵犯的无畏抗争"。

（二）西方法治思维的全面展开

经过漫长的历史演进，西方法治思维伴随着近代工业革命的胜利、市场经济的发展以及资产阶级与市民阶层登上历史舞台而得到了更为充分的阐释和实践。在17～18世纪近代西方法治启蒙运动中，古典自然法学派风靡欧洲大陆与北美，他们在文艺复兴和宗教改革的浪潮中重新找到了理性主义，将之作为人类最高的法律，其法治思维的出发点在于强调以体现公平、正义等实质理性的自然法作为评判人定法的价值基础。古典自然法学派的法学家众多，对自然法思想的阐述也不尽相同，但他们普遍认为人定法需要根据自然法原则来制定，而人定法是否为良法必须要接受自然法的检验，而一旦人定法本身或是作为法律执行主体的政府违背了自然法，公民就具有不服从的权利。虽然古典自然法学派在19世纪中叶以后遭受法律实证主义和历史法学派的批评，但努力发现一种理想的法律和正义制度本身就具有非同寻常的意义，古典自然法学派为建构现代西方文明的法律大厦奠定了基石。总体而言，古典自然法学派的法治思维最终落脚于理性思维。

19世纪的西方法律思想界是非常活跃的，不同国家不同法学流派的法治思维各有特点，但其最重要的一个转变就是反对前几个世纪中形成的各种形而上学理论，这种反对可以用"实证主义"来加以描述。实证主义作为一种科学的态度，反对先验的思辨，力图将其自身限定在经验材料的范围内；反对提倡玄虚的精神，坚持将学术工作限定在分析"给定事实"的范围内。实证主义在19世纪的兴起缘于这一阶段西方自然科学领域所取得的巨大成就，这种成就对人们产生了巨大的诱惑，人们相信将自然科学所运用的方法用于社会科学领域也必将获得巨大成功。这一时期，实证主义与法律科学的结合产生了分析实证主义法学派，该学派认为，只有实在法才是法律，而所谓实在法就是国家所确立的法律规范。正如分析实证主义法学的奠基者奥斯丁所言："法律就是主权者的命令。"分析实证主义法学坚持法律与价值无涉，主张实在法与道德伦理、社会政策的严格区分，并倾向于认为"正义就是合法律性，亦即服从国家所制定的规则"。因此，分析实证主义法学派的法治思维在于合法律性思维。但这种思维的极端发展也是非常危险的，19世纪末德国的概念法学就是一个极端的例证。概念法学派主张，现行的法律是否有效，取决于规范内容的逻辑结构，只要在法律权限之内，只要合乎法律程序，这个法律就是有效的，而不管法律的社会、经济、道德等基础。而这样一种思维逻辑很容易以合法的形式来推行一种不人道的法律，即以合法的形式来达到某种政治目的。德国法西斯就是对这一法学流派的充分运用，而法西斯主义的失败则使得概念法学，连同奥斯丁传统的分析法学也同时遭受批判。

19世纪末20世纪初，现代西方法学界的另一重要学术流派——社会法学出现在历史舞台，并在欧洲与美洲形成了两大阵营。欧洲以德国社会学家韦伯、奥地利社会学家埃利希为代表，美洲的社会法学为美国法社会学家庞德所创立，并在法律实务界的霍姆斯、弗兰克和卡多佐等人的努力下形成了现实主义法学。社会法学派作为西方三大主流法学派之一，在法治思维上也独树一帜，强调以社会为本位，从法律实践的角度，在对人类社会生活的实际情势的观察和思考中理解法律。一方面，法社会学反对传统的自然权利观念，主张道德与法律的严格区分，但并不否认道德与法律之间的关系，这种联系建立于承认法律本身的职业性，在司法过程中，"逻辑、历史、习惯、效用以及为人们接受的正确行为的标准是一些独自或共同影响法律进步的力量"。另一方面，法社会学也反对分析法学的法律科学可以自足的观念，正如美国联邦最高法院大法官霍姆斯所言："法律的生命不在于逻辑，而在于经验。"同样，欧洲大陆法社会学代表者埃利希也指出："法律发展的重心不在立法、法学，也不在司法裁决，而在社会本身。"在法社会学的视域里，决定法律产生、发展与变革的动力在于人们的社会生活实践，法律应当适应社会的发展，为人们的社会生活实践提供规范的指引，但"若在法律与发展中的社会脱钩的情况下强行适用法律的话，必定导致法律对社会关系的粗鲁干涉，得不偿失"。法律规范的确立或是适用，特别应当重视对社会中所存在的现实问题的解决，必须以调查研究为前提。从这一层面而言，法治思维作为一种实践性思维，与法社会学派的宗旨在根本上不谋而合。

三、中国历史传统中法治思维的发展

从中西法律文化比较的角度来看，如果说西方法律传统以法治为基本特色，那么中国法律传统则以人治为基本精神。因此，有学者做出"讨论中国古代的法治思维几乎是一个'伪命题'"的判断是不无道理的。中国历史传统中法治

思维的缺失是一个不争的事实，但唯有对这一事实进行考察以探其缘由，并对其中的一些类似概念加以辨析，才能着眼于当今中国依法治国的时代主题对历史传统予以扬弃和涤荡，从而为中国特色的社会主义法治建设提供本土资源。

（一）传统中国"法治"思维的生成

中国历史上首倡"法治"者，当属春秋战国时期的法家。法家的"法治"不仅是思想层面的，也落实为法律制度，成为中国传统法治的内在本质，所谓"外儒而内法"。法家的"法治"论主要体现在三个方面：第一，变法论。法家在人类社会进化史观的指导下，尤为强调变法。法家代表人物韩非认为，不同时代有不同的历史使命，治国者就是要根据新情况，解决新问题，因此，"圣人不期修（循）古，不法常可；论世之事，因为之备"。第二，"趋利避害"的人性论。性恶论是法家理论的人性前提。商鞅指出："民之性，饥而求食，劳而求快，苦则求乐，生则计利，死则虑名。"（《商君书·算地》）韩非则将这种性恶论推向极端，他认为，任何人都是以求利之心来处理问题的，人际关系是一种赤裸裸的利害关系。"父母之于子也，产男则相贺，产女则杀之。此俱出父母之怀衽，然男子受贺，女子杀之者，虑其后便，计之长利也。故父母之于子也，犹用计算之心以相待也。"（《韩非子·六反》）推而广之，君臣之间也是如此，"臣尽死力以与君市，君垂爵禄以与臣市"（《韩非子·难一》）。因此，"法治"在法家的观念中就是通过刑赏来控制臣民，"凡赏者，文也，刑者，武也。文武者，法之约（要）也"（《商君书·修权》）。并且，要"重刑少赏，上爱民，民死赏"（《商君书·靳令》）。而正是法家"法治"观的"以刑去刑"的重刑主义色彩使得中国人在思想上一方面将法等同于刑，另一方面将法视为一种恐怖血腥的统治手段，从而对法也没有好感。第三，"以法为本"的治国论。春秋战国时期的法家学派代表人物的观点各有侧重，如慎到重"势"、申不害重"术"，齐法家也并不一味排斥仁义道德，但其共同点在于"以法为本"，从法的基本要素，到法的起源、法的纲要，最后归结为治国必须"以法为本"，目标在于富国强兵，在列国争霸中取得胜利，可见，法家的"法治"是功利性的。而这种功利性也在某种意义上与实践性密不可分，"'法治'思潮的最大特点是它的实践性，从实践中来，又到实践中去，指导变法又被修正、完善。当实践告一段落时，有韩非者出，集其大成"。

然而，法家"以法而治"的思维终究与今日之法治思维有着质的区别。其区别在于：在治理主体上，"以法而治"的治理主体是君主或不受法律约束的统治者，虽然法家强调法的平等性，但君主是高于法律的；法治的主体是人民，法治下的治者与被治者的地位不是恒定的，而是依法轮流的。在治理客体上，"以法而治"的治理客体是人民，不包含君主或统治者；法治的客体是政府及国家事务、社会事务。在治理目的上，"以法而治"追求的是统治者的私利，其最高、最终目标是维持其统治秩序；法治的目的则是维护人民利益和社会正义。在法律的价值内涵上，"以法而治"的法处处体现统治需要，以等级特权、权力至上为特点；法治的法则以人民利益为最高法律，自由、平等、权利是其核心价值。

自从汉武帝罢黜百家、独尊儒术之后，法家思想的正当性至少已经在形式上被取消，法家思想无论是在学术体系中还是在意识形态中，都处于收缩之势而无实质性突破。但在这两千年里，儒家思想也并非一成不变，按照其思维发展的历程，孔子之后的儒家对法律的看法渐趋折中，孟子已有"徒善不足以为政，徒法不足以自行"（《孟子·离娄上》）之说法，表示礼、法二者不能偏废。荀子思想中杂有法家思想，韩非、李斯皆出其门，也绝不是偶然。汉以后的儒者极少有反对刑法的，诸葛亮、王安石、张居正等以持法严急著称。"儒家法家都以维持社会秩序为目的，其分别只在于他们对社会秩序的看法和实现这种理想的方法。"

（二）近代中国"新法治"思维的演变

时至晚清，中国内忧外患，变法图强成为国家所需和时代潮流，主张变法的"新法家"应运而生，并在追溯春秋战国法家的"法治"思维的基础上演变出"新法治"思维。其代表人物梁启超认为："故法治者，治之极轨也，而通五洲万国数千年间。其最初发明此法治主义以成一家言者谁乎？则我国之管子也。"将我国历史上的法家人物管仲作为世界"法治主义"的鼻祖，体现了"新法家"的民族自信精神。而之所以要复兴法治主义，是因为春秋战国之情势与当时中国的相似性，"旧战国时代所恃以为国际竞争者，厥为法家思想，此不争之事实也。近百年来，我国既已入于新战国之大变局中，将何所恃为国际竞争之具乎？"。因而，"唯有参考近代学说，酌采法家思想"，因此"新法家"所追求的目标和春秋战国时期法家所追求的目标也是相似的，即通过"富国强兵"而摆脱国家被侵略的命运并能够在国际竞争中胜出。传统法家思想由此获得了时代意义。但同时，"新法家"也注意到西方法治与中国历史上"法治"的差异，法学家沈家本指出："抑知申、韩之学，以刻核为宗旨，恃威相劫，实专制之尤。泰西之学，以保护治安为宗旨，人人有自由之便利，仍人人不得稍越法律之范围。二者相衡，判然有别。则以申、韩议泰西，亦无究厥宗旨耳。"所以，"新法治主义"的法律宗旨是伸张民权，保障人民自由，而并非像春秋时期的法家一样将法律视为统治阶级压制民众的工具。总体而言，任何思想都有其历史渊源，同时也都是时代的产物，"新法家"在"新法治"思维上的"崇古""托古"的情结是显而易见的，但我们也应该看到其理念上的重大转变。"新法家"当之无愧地成为中国本土近代法治思想的先驱。

中国历史传统中的法治思维是缺乏的，但我们仍然可以在法家和"新法家"的思想中洞察其法治思维的火花。春秋战国时期法家的"法治"思维不可避免地是人治之下的法律工具，强调君权至上，强调法律成为一切社会关系的唯一调节器，而秦朝就是这一思想的彻底实践者。但秦朝的迅速灭亡使后世警醒，因此，这一极端思维不断被儒家学者加以理论上的中和。事实上，儒家并不反对法律工具论，但同时他们认为道德的生活是更为理想的，因此，儒家极力将道德人伦渗透到法律之中，以实现"礼法结合"的完美形式。"新法治主义"之"新"在于在对春秋战国时期法家思想重新评价的基础上植入新概念和新观念，以求古今之间、中西之间的融会贯通，可见"新法家"在法治思维上的文化自觉。

四、马克思主义法治思维的革命性意义

马克思主义法治思维是马克思主义法哲学的重要组成部分，是由马克思、恩格斯所创立，由世界社会主义运动的杰出领导人在社会主义革命和建设的实践中发展的思维模式。马克思、恩格斯对法的本质的认识以及对合法性问题的探讨，尤其是对社会生活的实践本质以及法的实践性的理解与阐发，不但对我国新民主主义革命的胜利起着决定性的作用，而且对我国的社会主义法治建设事业有着革命性意义。

（一）马克思主义法治思维对西方自由主义思维的批判

马克思主义法治思维起源于西方，在本源上属于西方法哲学范畴，但与西方自由主义法治思维有着根本的区别。在法的本质问题上，马克思批判近代西方自由主义的形式。西方自由主义法治思维集中表现为一种过度强调形式合理性的思维，其法治观也被认为是一种形式法治观，其中包含着两层基本含义：一是根据抽象的一般规则处理具体问题，而不是具体情况具体处理；二是法律系统的独立性与自主性，即法律规则的适用不受道德、宗教、政治和掌权者意志等实质性要素的左右。

在西方自由主义法治思维中，法治已不再是一种工具性意义上的"通过法律的社会控制"，法治本身就是目标，是内在于自由主义社会的一个构成性部分。

但马克思指出："社会不是以法律为基础的，那是法学家的幻想，相反，法律应该以社会为基础。"因此，法的本质具有现实的基础，那就是法只能产生于社会物质生活条件。马克思进一步指出："法的关系是一种反映着经济关系的意志关系。这种法的关系或意志关系的内容是由这种经济关系本身决定的。"不同时代的法律之所以具有不同的形式与内容，正是由于社会物质生活条件的不同。但这并不是否认其他因素对法的影响。恩格斯曾专门指出："根据唯物史观，历史过程中的决定性因素归根到底是现实生活的生产和再生产。无论马克思或我都从来没有肯定过比这更多的东西。如果有人在这里加以歪曲，说经济因素是唯一决定性的因素，那么他就是把这个命题变成毫无内容的、抽象的、荒诞无稽的空话。"

（二）马克思主义法治思维的重大创新

马克思主义法治思维中的合法性是以实质理性为基本要求的，这种理性就是事物的内在规律，它反映人民的普遍意志和要求，任何以私人利益为导向的法律都是不具有合法性的。马克思指出："人们在研究国家状况时很容易走入歧途，即忽视各种关系的客观本性，而用当事人的意志来解释一切。"这种主观判断是任意的和不符合理性精神的，因此，在法律问题上立法者应该把自己看作一个自然科学家。他不是在创造法律，不是在发明法律，而仅仅是在表述法律，他用有意识的实在法精神把精神关系的内在规律表现出来。如果一个立法者用自己的臆想来代替事物的本质，那么人们就应该责备他极端任性。同样，当私人想违反事物的本质恣意妄为时，立法者也有权利把这种情况看作极端任性。法的合法性之实质理性表现为对"良法"的追求。良法在实质上就是排除私人利益对法律的干预，而以公共利益的维护为法律的要旨。"只有当法律是人民意志的自觉表现，因而是同人民的意志一起产生并由人民的意志所创立的时候，才会有确实的把握。"

马克思主义法治思维的革命性更多地体现为马克思主义实践的观点。实践观的确立实现了人类思维发展史上的一场革命性变革，这也正是马克思主义法治思维的最为突出的特点。实践性意味着马克思主义法治思维不是书斋里的纯粹思辨的产物，而是立足于社会生活本身，是人类社会生活的行动指南。首先，人的正确思想的产生需要一个过程，正如列宁所指出："从生动的直观到抽象的思维，并从抽象的思维到实践，这就是认识真理、认识客观实在的辩证途径。"其次，实践是检验真理的唯一标准。真理既具有绝对性，又具有相对性。真理的绝对性是指任何真理都标志着主观与客观的符合，都包含着不依赖于任何人的客观内容，都同谬误有着原则的界限，这一点是绝对的。真理的相对性则是指人们在一定条件下对真理的认识是有局限的、相对的、不完全的。真理是绝对性与相对性的统一，任何割裂这种统一的思维，都会陷入独断主义或是相对主义。但我们不可否认真理是具有客观标准的。我们要判断一种认识是不是真理，必须通过实践。马克思曾明确指出："人的思维是否具有客观的真理性，这不是一个理论问题，而是一个实践的问题。人应该在实践中证明自己思维的真理性，即自己思维的现实性和力量、自己思维的此岸性。"从这一层面而言，中国的社会主义法治建设就是一种实践，不能仅仅依靠新的理论思想去更新旧的思想，不能让法治建设作为一种理论而存在，而是要在实践性思维的指导下，以法治进程中一个个具体问题的解决为前提，从实践到认识，再从认识到实践，不断循环往复以至无穷，"而实践和认识之每一循环的内容，都比较地进入了高一级的程度"。中国法治建设的进程并不是直线式的，往往充满了曲折乃至反复，中国人民在党的领导下必须不断地实践探索，不断地总结经验，不断形成正确的法治发展路线，在这一过程中，法治就是实践，也只有实践才是最终实现法治目标的路径。

从文明的角度分类，现代社会两大主流是西方文明与东方文明，尤其是近五百年来，西方社会的发展都是建立在东方文明的痛苦之上的。从中国法治思维角度看，古代一直以"儒外法内"为治国的主导思想，可以看出，无论是中国还是西方欧美一些国家，都是以法立国、以法治国、以法对人民的各项权利与义务进行界定。然而，由于时间、空间上的错位，各个地区都形成了自身的独具特色的法治观念，而由于生存方式与生活方式的差异，也都有着不尽相同的法治思维体现。

应该认识到，法治思维是一个逐渐发展演变的过程，随着时代的发展，应该及时地对其进行一些修正，同时应该将其付诸实践，将其作为法律建设方面的一个理性工具，正确理解它的价值，并且利用它调节社会各方面的活动与矛盾，引导与规范人们的各种行为。

总之，对法治思维的研究，应该以历史的眼光进行切入，从发展的角度看问题，并且利用科学的唯物史观对这一社会历史现象中的学科发展进行解析，从中分析出一些有意义的部分。对其进行分析与综观，有助于人们更好地认识法律在人类社会发展中所起到的巨大作用，同时，也使人们更好地去理解法律的意义与其中的基本内涵，并在理解的基础上守法。

第二节 实践中的非法治思维

法治思维的本质要求就是领导干部严格遵守权限合法、目的合法、内容合法、手段合法、程序合法的要求，在法治的框架内行使法律所赋予的权力，切实尊重和保护人民权益。树立法治思维，既是领导干部执政能力的重要内涵，也是领导干部自身素质提升的重要标志。但是，实践往往与法治要求有较大落差，一些干部看问题、做决策、出政策、办事情，仍然沿用老办法、老规矩。

一、非法治思维成因

领导干部是党和国家的执政骨干，是党的路线方针政策的直接贯彻者和国家法律法规的具体执行者，也是依法行政的主体，理应成为自觉树立法治思维和主动运用法治思维推动改革、发展与稳定的实践者，成为尊崇法律、坚持依法办事的表率和模范。北宋思想家王安石讲"守天下之法者，莫如吏"，中国向来有"民以吏为师"的文化传统，倘若要百姓尊法，"为政者须率先奉法"。今天法治中国的构建需要领导干部去推动、去组织、去实施，这必然对领导干部的法治素养和法治意识提出了更高的要求。

习近平强调，领导干部要做尊法、学法、守法、用法的模范，全面推进依法治国必须抓住领导干部这个"关键少数"，领导干部要把对法治的尊崇、对法律的敬畏转化成思维方式和行为方式，做到在法治之下，而不是法治之外，更不是法治之上想问题、做决策、办事情。

尽管各级领导干部的法律规则意识、法治思维能力在实践过程中也得到逐步提高，但全面深化改革、全面从严治党，对全面推进法治提出了更高的要求。实践中，一些干部的法律思维能力、法律判断能力以及实际工作中运用法律的能力常显薄弱，一些干部不懂得、不善于运用法律来处理社会问题；一些领导干部的法治观念不强，仍习惯于传统的"人治"思维方式，不善法治，对他人讲法治，自己搞人治，仍旧用人治的视角看待与实施法治……凡此种种，都严重违背了社会主义法治原则，严重损坏了人民群众的利益，严重影响了党和国家的形象和威信。

曾有学者在 2010—2012 年，对我国县处级领导干部的法治意识状况进行了问卷调研。调研表明，造成领导干部法治思维薄弱的原因很复杂，最主要有以下几个方面。

（一）传统文化法治基因的缺失

中国的历史发展进程中，自周公旦"以人情视为天命""天唯德是选"到儒家"以德治国"，我国历史上的封建社会形成了一套以宗法为根基，以伦理为根本，以官僚为框架，以皇权为核心的政治基本框架的封建专制主义形态，"国君则超乎法之上，可以意用法易法，而不为法所拘"，当权者"言出法随"，既可以一言立法、一言兴法，也可以一言废法。几千年的人治文化浸润使得重道德教化、重人情关系、轻理性、轻规则的人际交往方式和处事原则已经深深根植于中国社会，并逐渐形成了我们特有的政治文化。正如邓小平同志所讲："旧中国留给我们的，封建专制传统比较多，民主法制传统比较少。"改革开放之后，国家管理开始在真正意义上向法治嬗变。

（二）现代治理中的能力不足

经济高速发展、社会急速转型以及发展方式转变叠加，使得中国社会呈现出前所未有的多元、多样、多变和矛盾交织的一系列特点。面对各种纷繁复杂的社会矛盾，能不能及时发现、及时解决，不仅是构建社会主义和谐社会要考虑的首要问题，也是对党员干部执政水平和执政能力的严峻考验。

然而，现实生活中，面对复杂的社会问题和社会矛盾，一些领导干部法律知识的储备明显不足，运用法律武器解决复杂的社会矛盾还不能得心应手，有的则视法律为束缚手脚的羁绊；有的领导干部对法律条文背后的立法精神与价值追求吃不透，机械地按法律条文办事，致使决策违背法律的根本目的；一些领导干部处置突发事件时，迷信权力和强制性手段，以牺牲法律的尊严和公民权利为代价追求所谓的"稳定"，突破法律底线，造成社会矛盾的激化。这些手段表面看上去似乎"管用""有效"，实质缺乏长期效应，一味强调运用行政手段解决纠纷，化解矛盾，最终影响行政功能的发挥，背离解决纠纷、矛盾的初衷，不断消解法治的权威和尊严，无异于饮鸩止渴。

相比"人治"，法治为化解社会矛盾提供了一整套缜密而精细的制度安排，具有程序正义的基本特征。虽然最后的判决结果未必能让所有人满意，但法定程序所包含的理性、平和的协商与谈判因素，无疑体现了最大公共利益；法治精神所蕴含的尊重主体尊严、吸纳不满情绪、促进群体沟通的机能，或许才能够凝聚最大共识。正如习近平指出的，"形成办事依法、遇事找法、解决问题用法、化解矛盾靠法的良好法治环境，在法治轨道上推动各项工作"，使法治思维和法治方式成为有效化解各种社会矛盾、冲突的最佳路径。

（三）法律局限性的客观影响

法律的局限性首先表现在法律所固有的稳定性和保守性，法律一旦制定出来，就过时了。法律通常是对现有社会规则的确认，因而具有相应的稳定性及滞后性。而我国处于快速发展和转型期，法律的稳定性与社会的灵活性之间的张力日渐加大，加之法律的梳理和修改工作不能及时跟进，使得部分法律条款僵化、滞后，无法更好地解决现实问题。这容易造成现实中的执法者无所适从，当然也十分容易影响法治的权威性。

其次，法律作为问题的一般解决规则，不仅具有概括性、一般性、抽象性的特点，同时也派生出僵化性的一面，难以涵盖现实的多样性与复杂性，在一些情况下，法律并不能弥合分歧、抚平争议，实现个人、个案的正义。用一般规则来解决繁纷复杂的社会问题，很多情况下显得捉襟见肘，最终容易选择所谓的"特事特办"。

再次，法律具有较强的依赖性和受制约性。在立法过程中，由于立法者的素养和社会生活复杂性、变化性的制约，不可能准确无误地预测社会中可能或要发生的变化；即使预测到，由于立法制度、立法技术及背后的立法博弈等因素的影响，不可能对所有的行为和事件做出合法、合理的表述。法的实施环节同样依赖其外部条件，法治的运转取决于它所处的政治、经济、文化和社会环境。中国历史上有过多次变法，成功的不多，深层原因大体也在于此。

最后，法律作为调整社会关系的刚性规则，相对而言，其时间成本和经济成本比较高，客观上也影响了政府和公众通过法治手段谋发展、解矛盾的积极性。尤其是 GDP 考量之下，法治在实践中非常容易被冷落一边。

"善禁者，先禁其身而后人"，领导干部只有思想上尊崇法治，才能在行动上遵守法律，牢记法律红线不可逾越，法律底线不可碰触，带头维护法律、遵守法律、执行法律。

二、非法治思维的主要表现

法治思维作为一种思维方式与其他思维方式并不是互不相容的，道德思维、政治思维等各自有其重要的功能和调整范围，在现实工作中，不同的思维方式之间要互相平衡，当这些思维方式与法治思维发生冲突的时候，要善于维护法治权威。但是，这里所说的非法治思维中有些思维方式是不为现代法治所容忍的，实践中必须加以摒弃，如人治思维、特权思维等。我们认为，领导干部的非法治思维方式中，对法治权威伤害最大、危害最严重的思维方式，主要是人治思维、特权思维、人情思维等。

（一）人治思维

徒法不足以自行，法律是要人来制定和执行的，任何社会的治理都离不开人。社会治理有可能是贤人之治，也可能是庸人之治，甚至还可能是愚人之治。因此，就十分需要通过法律这一工具对治理行为加以制约和规范、对治理过程予以修正和平衡。规则具有确定性和稳定性。规则是法治的载体，法治思维在其形式上就是规则思维，即将实践证明正确的规则及时上升为法律，并严格遵循现行规则，权力不能突破法律、逾越法律。我们否定人治思维，是因为这种思维方式将人治凌驾于法治之上，片面强调人和权力的作用，膜拜权力、蔑视权利、拒斥制度和暗箱操作，这种思维方式在现实中仍然存在。要全面推进依法治国，建设社会主义法治国家，必须坚决走出人治思维的误区。人治思维的主要表现有以下几个方面。

1. 盲目崇拜权力

自国家出现，权与法的关系便成为人类社会的永恒话题。18世纪法国思想家孟德斯鸠就提出：凡是有权力的人几乎无不滥用权力，而他们对权力的使用也是无限制的，一直到遇到界限的时候才会停止，若是没有界限，他们会一直使用下去。有别于法治思维，在人治思维下，权力是至高无上的东西，总是趋向于无限地扩张，法律只是权力的附属物，处于依附权力的次要地位，人和人之间没有平等，公权拥有者的个人权威始终凌驾于法律的权威之上，法律只是"治民"的工具与手段。

在当前实践中，以言代法、以权压法，甚至以权废法，重政策轻法律、重人情关系轻法律、靠长官意志行事的现象，都是盲目崇拜权力的表现形式。

依法执政是依法治国的关键。各级党组织和领导干部要深刻认识到，维护宪法、法律权威就是维护党和人民共同意志的权威，捍卫宪法、法律尊严就是捍卫党和人民共同意志的尊严，保证宪法、法律实施就是保证党和人民共同意志的实现。各级领导干部要对法律怀有敬畏之心，牢记法律红线不可逾越、法律底线不可触碰，带头遵守法律，带头依法办事，不得违法行使权力，更不能以言代法、以权压法、徇私枉法。全面推进依法治国必须强调法律至上，公权力必须在法律的规范和监督下运行，坚持法定职责必须为，法无授权不可为。

宪法规定了公民享有对国家机关和国家机关工作人员违法失职行为检举的权利，除非能够证明完全是出于"恶意"，否则不得认定为"歪曲事实"。

对权力的膜拜，对法律的忽视，导致了整个社会思维方式的倾斜：当有权好办事成为整个社会普遍接受的信条和规则时，老百姓遇到冤情或无法处理的纷争时，自然不会找法院，而是找人，找清官。人治思维和人治方式的不断反复，必将使法治建设陷入困境。法治社会，不允许有钱就任性，更不允许有权就任性。英国哲学家洛克说过："政府的一切权力，既然只是为社会谋幸福，因而不应该是专断的和凭一时高兴的，而应该根据既定的和公布的法律来行使。"

2. 轻视公民权利

正如一枚硬币的两面一样，膜拜权力的反面必然是对权利的轻视甚至践踏。人类社会生活可以分为两大领域：公权力领域、私权利领域。对前者予以规范的法律就是公法，比如宪法、刑法、行政法等。对后者予以规范的法律就是私法，私法的主要内容就是民法。与此相对，依据公法享有的权力为公权力，如立法权、司法权、行政权等，依据私法享有的权利则为私权利，如财产权、人身权等。公法强调国家意志，私法强调个人意愿，二者既对立又统一。人治思维割裂、混淆权利与权力的辩证关系。公权力的存在基础与合理性在于保障私权利的规范、安全行使。当私权利出现危机，可能或正在受到不法侵害时，公权力应当进行积极救助，否则必致私权利的受损。"权力行为的目的不在于权力主体的利益，而在于公共利益，弃权必使公共利益受损，有违设权力的初衷，所以权力不可放弃。"但是，现实生活中不乏某些掌握公权力的部门因涉及上级或自身利益以及其他各种原因，怠用甚至放弃手中的公权力，从而导致公民私权利得不到保护。这种情况下，看上去公权力无处不在，但在公民需要的时候又无处寻觅。民众面对侵权只能忍气吞声，时间长了，社会心态就会失衡，社会积怨就会不断积累，一旦遇到导火索，这些人就可能铤而走险，以非理性的极端方式追逐权力，构成对社会稳定的威胁。而一旦社会稳定出现紧张状态，一些人又处理不好维稳和维权的关系，采用简单压制的方式对待人民内部矛盾，在这个过程中公民权利就会进一步受损。

公权力的异化、膨胀——私权利的萎缩、弱化，权力和权利的不平衡造就的恶性循环影响着社会主义和谐社会建设，也阻碍着社会主义法治建设的进程。

因此，权力不应该超越法律，更不应该侵蚀权利。也因此，我们党审时度势地提出了构建法治中国的目标，法治中国不是一个没有矛盾冲突的社会，而是一个多元利益协调和平衡的社会，其关键在于以法治思维和法治方式来平衡国家利益、社会公共利益和个体利益的冲突，协调好公权力与私权利的关系。

3. 排斥制度权威

制度是规范人的行为的规则系统，是人类对长期实践经验教训的总结与升华。公平合理的制度能够提高人类实践活动的水平，在激励好人善举的同时有效遏制坏人恶事，促进人的全面发展和社会文明进步。如果制度缺乏公平性、合理性，就会诱发社会风气败坏、道德沦丧、腐败猖獗等严重的社会问题。人治思维过分夸大个人素质的重要性，轻视制度的重要作用，不知道或者说不愿意用制度来有效遏制人的主观任意性，用规则遏制权力任性。与法治思维习惯于从制度层面思考问题、解决问题不同，人治思维拒斥制度，认为讲规则就会影响效率，束缚手脚，于是处理事情时常常视野狭窄、就事论事，把制度抛在一边，不从制度层面分析问题、解决问题。改革开放后，中央一直高度强调制度建设的重要性，并取得了重要成就。邓小平同志也一再强调还是制度靠得住。但是，就目前而言，制度建设方面仍存在诸多亟须解决的问题：一是，制度权威还未形成社会共识。人们在处理社会关系、化解社会矛盾的过程中存在着诸多依赖人情往来、依赖权力等投机观念和行为。二是，制度体系尚未健全。改革开放以来，国家和地方出台了许多新的制度规定，从法律制度到党内法规，再到社会生活行为准则，取得了重大成效，但是还存在着进步空间，存在着新旧制度规则的矛盾和不同区域、不同行业之间制度规则的对立以及诸多方面的制度真空。三是，传统惯例和习俗中的"人情文化"消解制度权威，出现"潜规则"对抗挑战"明规则"（制度）的现象。

（二）特权思维

特权，就是特殊的权力，指个人凭借经济实力、政治地位、公共权力与身份地位而在经济、政治、文化、社会等领域所享有的法律和制度之外的权力。在中国官僚文化的长期浸淫之下，传统社会就形成了一种以身份为标志、以特权为核心的思维模式和行为本能，导致社会实际生活往往缺乏平等的应有内涵。这不仅体现在权力场域上，也体现在普通民众的市井生活之中，只是特权表现的形式有所差别而已。

我国《宪法》第五条明确规定，一切国家机关、个人都必须尊重宪法和法律，任何组织或个人都不得有超越宪法和法律的特权。然而由于我国目前权力运行体制不完善、权力资源配置不合理、权力监督机制乏力和相关法律规范不健全等诸多因素为特权思维提供了滋生和蔓延的土壤，有些领导干部忽视法律，决策不依法、遇事不讲法、办事不懂法、自己不守法，影响着权力法治化的进程。

1.思想上唯我独尊

数千年的封建历史，使得等级秩序早已渗入中国政治、经济、文化和社会生活的角角落落。高等级的身份，特别是士大夫阶层，不但拥有无上的荣耀，更意味着数不尽的特权，成为众人艳羡的对象，这是中国"官本位"文化形成的根本原因。现实中有些人，一掌握公共权力就有一种心理优越感，自视高人一等、胜人一筹，在某些事情上只能占便宜，不能吃亏，把权力和享受等同了起来。

权力具有公共性质，这种性质决定了它的公共性能，决定了其运作与公共秩序、公共利益相关联。但权力同时又具有可交换性，权力可以脱离权力主体、客体而发生异化，以至于发生权力商品化现象。权力的商品化必然导致其公共性的异化，进而直接侵害私权利的实现。

归根到底，"特供"现象源于特权思维。但凡想利用手中权力谋取优质资源、特殊服务，并以此炫耀特权、显示身份、夸饰地位的，多是染上了特权思维之毒。

2. 行为上权力独大

由特权所引导的思维方式会把权力的威严发挥到极致，权力的傲慢与恣意是其必然的走向，其表现在诸多方面：①权大于法，对法律缺少敬畏，甚至自认为位高权重，在自己的势力范围内不守法，也无人敢追究，因而时常突破法律底线；②以权压法、以权乱法现象时有发生，导致矛盾激化、干群关系恶化；③把法律法规置于脑后，在工作过程中常出现有悖于国家法律法规的行为，甚至任意在法外扩权，将一些"霸王条款"披上法律的外衣，有失社会公平。

3. 方式上简单粗暴

"我命令、你执行"是特权思维的典型特征。有的领导干部片面地理解"稳定"，奉行"摆平就是水平，稳定就是搞定"的人治思维，认为"有法（律）无（办）法，无法（律）有（办）法"，采取非法律手段解决现实中出现的问题，往往为追求"稳定"而牺牲"法治"。有的领导在社会管理中，虽然强调依法管理，但把法律视为一种管理工具，更多地强调用法律来治理和惩治被管理者，而忽视对公共权力运行的规范、约束和制衡。还有些领导以简单粗暴的方式和手段对待群众的权利和利益，尤其是那些所谓的"能人"，不深入实际调研，下基层走马观花，行事方式看上去雷厉风行，实际上下指示做决定都不切实际。更有些领导在涉及群众切身利益的事情上，如城镇房屋拆迁、土地征收征用等方面，不尊重法律规定，不充分听取群众意见，作风霸道，对待下级和群众态度生硬、蛮横，作风不实，工作方法简单粗暴，造成党群干群关系紧张。从制度层面反思，腐败的根源同样是特权，而对特权最有效的制约就是制度。反特权的关键就在于坚决实行法律面前人人平等，严格依照法律制度规定对权力进行规范和制约。反特权、反腐败的核心是管住"关键少数"，限制"关键少数"。

（三）人情思维

人情思维，也称关系思维。在公权力领域则需要对此保持高度警惕。这里所谓的"人情思维"特指领导干部在运用公共权力过程中将人情、关系置于不恰当的位置加以考量，为人情、关系不惜僭越法律底线。人情思维、人情方式是熟人社会所衍生的一种思维和行为方式，这种思维方式本质上也是一种人治思维、特权思维，必然影响权力的公正行使，严重影响政府形象和法律的权威。

中国人重情讲义，正常往来无可厚非。然而，这一传统在特定领域特别是官场却发生了"基因变异"：一些人打着"人情"的幌子，把人际交往变成接近权力、经营"感情"的平台，导致人情变味、礼义变质。

所以，根治"人情往来"顽疾，一方面，要加快政府职能转变，深化行政审批制度改革，推进简政放权；另一方面，要把权力关进制度的"笼子"，加大对权力的监督力度，增强权力运行的透明度，让权力在法治轨道上运行。

第七章　法治思维的实践应用

党的十八大以来新一届中央领导集体法治思维的外在化理论是其法治思维的重要内容。习近平强调："各级领导机关和领导干部要提高运用法治思维和法治方式的能力，努力以法治聚改革共识、规范发展行为、促进矛盾化解、保障社会和谐。"法治思维的运用，具体表现在推动发展、化解矛盾、维护稳定等实践环节中。

第一节　法治思维与法治方式

在党的十八大以来新一届中央领导集体关于全面依法治国的系列重要论述中，法治思维和法治方式总是联袂出现。"谋划工作要运用法治思维，处理问题要运用法治方式。"法治思维是内在的思维形态，法治方式是外在的作用方式。法治思维更多强调的是观念、理念形态，法治方式则是法治思维在实践中的具体运用。

一、法治方式的特性

法治方式是治国理政方式的一种。与其他治国理政方式，如人治、德治等比较，法治方式具有如下特性。

（一）法治方式是以规则为基础的方式

按规则办事，是法治方式区别于其他方式的第一要义，也是法治方式的基本遵循。法治方式首先是要寻找规则，没有规则的情况下就要制定规则，然后再理解规则、依靠规则、运用规则。规则，首要是指宪法和法律。法治方式的核心在于要确立和实现以宪法和法律治理国家的最具权威的价值取向。法律面前人人平等。"任何组织或者个人，都不得有超越宪法和法律的特权。"党员和干部特别是领导干部更应成为遵守宪法和法律的模范。

（二）法治方式是以不侵害法定权利为底线的方式

法定权利由法律规定，受法律保护。任何行为，无论是公权力的行使还是个人的自由言行，均不能侵害公民法人的合法权益，这是法治的最低要求，也是包括法治方式在内的一切行为方式必须遵守的底线。否则，行为主体就必须承担相应的法律后果。

（三）法治方式是以防止权力被滥用为导向的方式

权力天然具有扩张的倾向，天生就有被滥用的危险。权力由法律授予，依法律行使，法律之外无权力。对公权力来说，强调法治方式，就是对权力的警惕和对被滥用的防止。法治方式视角里的公权力，必须树立职权法定的理念，使任何一项权力的行使都必须有法律的明确授权并符合法律的规定，每一个执法环节都必须符合法律的要求，每一个行为都不能超越法律的界限，一切违法行为都要毫无例外地受到法律的追究，做到职权由法定、有权必有责、用权受监督、违法要追究、侵权须赔偿。

（四）法治方式是以产生法律效果为指向的方式

前述法治方式以法律规则为基础。法律规则有着严密的逻辑结构，主要由行为模式和法律效果两部分构成。行为模式是指法律规则中规定人们可以行为、应该行为、不得行为的行为方式，它可以是义务的，也可以是授权的。法律效果是指规则中所指示的可能的法律结果，它可以是遵守规则所产生的有利的后果，也可以是违反规则所承担的不利的后果。所以，法治方式既是对权力的规范，也是对责任的强调，既能为法律所评价，也能产生法律意义上的效果。

（五）法治方式是以法律程序为遵循的方式

作为法治文明的重要标志之一，程序正义是人治与法治、专制与民主的制度分水岭。在某种意义上，程序正义就是要让群众看得见正义的实现过程。一切国家机关的活动都应该纳入法定程序的轨道，任何国家权力的行使都应受到程序规则的规制。法治方式以法律程序为遵循，不仅是按实体法来做决定，同时还要依程序法来走过程，杜绝拍脑袋决策，拍胸脯办事，使权力运行更加规范有序，使工作开展更加阳光透明。

（六）法治方式是以公平正义为价值支撑的方式

法治方式有无自身独立的价值？正如正义理论所指出的，事物的正义性在于不论其目的还是手段均具有合理性和合价值性。维护公平和正义是法治的核心功能，无论是立法还是执法、司法，全过程都应充分体现公平正义。法治方式与法治思维共享相同的价值——公平正义。正如习近平指出的："在建设法治社会的实践中，要把公平正义作为制定法律和进行制度安排的重要依据，从源头上防止社会不公正现象的出现与扩大，并在执法、司法活动中坚持合理合法、及时高效、程序公正的原则，建立保障公正正义的防线；把公平正义作为协调社会各个阶层相互关系的基本准则，依法逐步建立以权利公平、机会公平、规则公平、分配公平为主要内容的社会公平保障体系；把公平正义贯穿于权利与义务的辩证统一之中，坚持权利与义务的对称，保证广大人民群众依法行使权利和履行义务，所有权利的享有都建立在履行义务的基础之上，使遵纪守法成为公民的自觉行为，使公民的合法权益不受侵犯。"

二、法治思维与法治方式的辩证关系

法治思维和法治方式的关系归根结底是价值观和方法论的关系，价值观决定方法论，方法论体现价值观。

（一）法治思维决定法治方式

法治思维是法治方式的思想根源和理论支撑。法治思维决定和支配着法治方式，具备法治思维，必然会优先主动运用法治方式；不具备法治思维，即使在必须和只能运用法治方式时，也容易采取非法治方式解决问题。所以，法治思维对法治方式具有基础性、先导性、决定性作用。具有法治思维，选择法治方式就是一种自觉。缺乏法治思维，法治方式就只能是无本之木、无根之花、无源之水。

（二）法治方式体现法治思维

法治方式是法治思维的外在表现和行动实践，是依法治国、依法执政、依法行政在操作实施层面上的体现。法治思维在理念上的呈现可以是法律精神、法律理论、法律文化，在实践中的呈现最集中于法治方式。法治方式是运用法律进行思维的结果，是把一般性法律具体化的思维过程，而不仅指机械地根据法律条款进行简单的推理的过程。不能体现为法治方式的法治思维是不完整的、不彻底的、不实践的。具有完整、彻底的法治思维，一定会善用法治方式；偶尔使用法治方式，并不一定具有完整、彻底的法治思维。

（三）法治思维与法治方式的相互作用

法治思维和法治方式相辅相成，相互依存，相互促进，二者统一于全面依法治国实践。法治思维本质上是一种对法治的信仰。正如习近平所指出的，法治"并不体现于普通民众对法律条文有多么深透的了解，而在于努力把法治精神、法治意识、法治观念熔铸到人们的头脑之中，体现于人们的日常行为之中"。这种法治精神、法治意识、法治观念在人们头脑里的熔铸就形成了法治思维。法治方式的普遍运用仰赖于全社会的法治环境和法治文化的形成，仰赖于全社会对法治的信心、信仰和信任，仰赖于全社会对法治方式的自觉遵循。一个民众普遍具有法治思维的社会，法治方式也会成为民众的共同行为选择。一个法治方式成为共同行为选择的社会环境，也将有助于法治思维的涵养与培育。

第二节　法治思维与推动发展

习近平指出，我们党执政，要保证国家统一、法制统一、政令统一、市场统一，要实现经济发展、政治清明、文化昌盛、社会公正、生态良好，都需要秉持法律这个准绳，用好法治这一方式，法治思维和法治方式为发展提供着规则和规范，既能平衡经济发展、民主政治、文化建设、生态文明、和谐社会之间的关系，又能使发展按规范、依程序有序展开。当前经济发展已从高速增长进入深度转型这个新常态，亟须通过法治克服短期化、功利化、表面化的倾向，避免可能出现的无序发展、进退失据、顾此失彼的现象。

一、运用法治思维和法治方式推动经济发展

习近平一直强调，社会主义市场经济本质上是法治经济。他指出"法治经济的本质要求就是把握规律、尊重规律"。并特别指出"一些地方和部门还习惯于仅靠行政命令等方式来管理经济，习惯于用超越法律法规的手段和政策来抓企业、上项目推动发展，习惯于采取陈旧的计划手段、强制手段完成收入任务，这些办法必须加以改变"。

法治是推动经济发展方式转变的有效办法，可以将经济发展方式转变的导向通过立法上升为国家意志来保证实施，有利于经济发展方式转变措施的落实和目标的实现。以实施创新驱动发展战略为例，法治为创新驱动发展夯实了制度根基，提供了法环境。党的十八届四中全会明确了创新立法的重点，要求"完善激励创新的产权制度、知识产权保护制度和促进科技成果转化的体制机制"。

贯彻党的十八届四中全会精神，提高鼓励创新的法治水平，必须紧紧围绕科技治理体系和治理能力现代化展开。这就要加快制定国家创新基本法，明确创新在政府管理、经济社会发展中的定位，规定促进创新的综合性、系统化政策要求和措施，保证财政对创新的投入，鼓励企业和社会多渠道对科技创新的投入；加快有关创新的法律法规的制定和修订完善，依法明确和保障各类创新主体的职责和权利，完善知识产权相关法律和加大执法力度，促进企业真正成为技术创新的主体，促进成果转移转化，逐步形成以保障和促进创新为核心的法律法规体系。

在促进经济结构战略性调整中，法治方式也具有其他方式不可替代的"巧作用"。以目前最突出的化解过剩产能为例，如果运用强制合并、重组等行政手段，就可能引发群体性事件等社会风险，影响社会和谐稳定。如果更多依靠法治方式，更多运用市场机制，就会取得更好的效果。比如，用法律手段推进产业结构调整，就会迫使那些科技、管理水平落后，环保和节能达不到标准的企业自愿接受先进企业合并重组的要求，甚至主动退出高排放生产领域，从而使得产业结构调整具有合理性和合法性。

二、运用法治思维和法治方式发展社会主义民主政治

马克思、恩格斯在《共产党宣言》中鲜明提出："工人革命的第一步就是使无产阶级上升为统治阶级，争得民主。"实现人民民主，是无产阶级政党的基本追求，也一直是我们党领导革命和建设的奋斗目标。用法治思维和法治方式发展社会主义民主政治，就是要通过法律法规、规范性文件、党内法规等各种规范，从制度上、法律上坚持人民的主体地位，建设社会主义政治文明发展社会主义民主政治，首先要坚持党的领导、人民当家作主、依法治国的有机统一。习近平指出："坚持党的领导，是社会主义法治的根本要求，是全面推进依法治国的题中应有之义。"从依法治国的大背景下考量，坚持党的领导首先必须正确认识党和法的关系。习近平对此有鲜明的回应，他指出："党和法的关系是一个根本问题，处理得好，则法治兴、党兴、国家兴；处理得不好，则法治衰、党衰、国家衰。"党如何依宪领导、依法领导？习近平认为："坚持党的领导，不是一句空的口号，必须具体体现在党领导立法、保证执法、支持司法、带头守法上。""党既要坚持依法治国、依法执政，自觉在宪法、法律范围内活动，又要发挥好各级党组织和广大党员、干部在依法治国中的政治核心作用和先锋模范作用。"党的领导具体体现为要"坚持依法治国基本方略和依法执政基本方式，善于使党的主张通过法定程序成为国家意志，善于使党组织推荐

的人选成为国家政权机关的领导人员，善于通过国家政权机关实施党对国家和社会的领导，支持国家权力机关、行政机关、审判机关、检察机关依照宪法和法律独立负责、协调一致地开展工作"。

发展社会主义民主政治，根本在坚持和完善人民代表大会制度。人民代表大会制度是保证人民当家作主的根本政治制度，在中国政治发展史乃至世界政治发展史上都是具有划时代意义的。

三、运用法治思维和法治方式建设文化强国

近年来，新技术、新媒体的飞速进步无疑给文化产业的腾飞插上了翅膀，然而，随之而来的网络言论侵权、新媒体的著作权侵权、电视节目模式的版权侵权等问题也屡见不鲜。这些问题的出现，凸显了我国文化领域法治建设中存在的不足。当前文化法治建设还存在着文化领域的立法数量总体偏少、文化立法层次仍然较低、文化建设各领域立法不平衡、文化知识产权保护工作开展力度不够等一系列问题。法治是文化治理体系和治理能力的重要依托，推动文化的改革发展、繁荣兴盛，离不开坚实的法律保障。首先，要牢固树立文化法治意识，打破过度依赖行政化手段推动文化建设的惯性思维，积极创设重视法律、依靠法律、遵守法律、运用法律的社会环境。其次，要建立健全文化法律制度，与时俱进填补法律空白，通过法律来保证社会主义先进文化前进方向、激发文化创造活力、保障人民基本文化权益。最后，要着力提升依法治文能力，抓各项规范制度的刚性落实，特别要重点做好依法管理文化市场、依法治理网络空间、依法保障人民文化权益、依法维护国家文化安全等工作。社会主义核心价值观是国家的价值目标、社会的价值取向和公民的价值准则。法治既是社会主义核心价值观的重要内容，也是社会主义核心价值观建设的重要途径。培育和弘扬社会主义核心价值观，一定要用机制来保障，一定要靠法律来推动。习近平指出，要"把社会主义核心价值观的要求转化为具有刚性约束力的法律规定，用法律来推动核心价值观建设"。

一部良好的法律，必须真正体现这个社会和国家的主流价值观。一是要把社会主义核心价值观相关要求上升为具体法律规定，形成具有中国气派、中国风格，更加积极，更具建设性的法律体系，充分发挥法律的规范、引导、保障、促进作用。二是通过制度设计把核心价值观融入社会生活，在落细、落小、落实上下功夫。按照社会主义核心价值观的基本要求，健全各行各业规章制度，完善市民公约、乡规民约、学生守则等行为准则，建立和规范一些礼仪制度，使核心价值观成为人们日常工作生活的基本遵循。三是用法律的权威来增强人

们培育和践行社会主义核心价值观的自觉性。习近平十分强调法律对道德、对核心价值观的促进作用，他指出，法律是道德的保障，可以通过强制性规范人们行为、惩罚违法行为来引领道德风尚。要把社会主义核心价值观贯彻到依法治国、依法执政、依法行政实践中，善于通过科学的立法、执法、司法、普法实践推动核心价值观的培育和践行，用有效的制度机制来规范人们的行为，使符合核心价值观的行为受到鼓励，使违背核心价值观的行为受到制约乃至惩罚。

四、运用法治思维和法治方式实现社会公正

社会建设的终极目标是建设社会主义和谐社会，促进公平正义，增进人民福祉。实现人的全面发展是社会建设的落脚点，也是党"以人为本"执政理念的具体体现。促进人的全面发展，必须通过法治来保障、来实现。这就要求，在立法环节，规则从设立之初，就应尊重每个公民的基本权利，并把促进社会公平正义、增进人民福祉作为一面镜子，审视各方面体制机制和政策规定，努力消除有违公平正义的现象，保证人民平等参与、平等发展的权利。就行政及司法而言，促进人的全面发展要求政府与司法机关各项具体操作规则的设计、改革应当维护参加者的尊严，特别要避免使社会主体沦为或变相沦为政府与司法活动的客体。促进人的全面发展还要求在工作中树立人民群众的"主体性"理念，尊重社会主体的各类权益及其他诉求。

坚持依法治理，不断提高社会治理科学化水平，是习近平社会治理思想的重要组成。习近平指出在当前社会建设和管理任务加重的情况下，尤其要善于运用法律手段来调整社会关系、平衡社会利益、解决社会矛盾、促进社会和谐。这突出强调了法治在社会治理中的作用。坚持依法治理，根本在于用法治方式保障和改善民生。民生连着民心。当前社会治理中碰到的矛盾和问题大多是由民生问题引发的。习近平在论及社会治理时，更多将其与改善民生联系起来，强调要通过法律制度来协调社会各阶层的利益，完善为民办实事的长效机制，切实把治理工作重心从治标转向治本。这方面重点是要做好困难群体的权利救济工作，对社会困难群体进行特别的法律和政策保护，包括加快职业培训服务制度、社会保障制度、最低生活保障制度的建设，保障困难群体在社会中获得参与市场竞争的机会等。

在现代社会治理模式中，社会组织已经成为公共职能的"分享者"，同时也是不可或缺的参与者。政府要赋权社会，更好地发挥各类社会力量在社会管理事务中的作用，建立有活力的"大社会"。要进一步理顺政府和社会组织在经济社会中的功能定位，逐步形成政府与社会组织分工明确又相互协作的局面。

要通过完善法制、实施法治，加强党委和政府对社会组织的监管方式，引导社会组织沿着正确的方向健康发展，同时要坚决打击危害社会稳定的非法组党结社活动，严肃查处民间组织的违法行为。

五、运用法治思维和法治方式建设生态文明

建设生态文明是一场涉及生产方式、生活方式、思维方式和价值观念的革命性变革。生态文明建设必须依靠制度，依靠法治。"只有实行最严格的制度、最严密的法治，才能为生态文明建设提供可靠保障。"

首先，要从制度上确立生态红线。讲规矩，守底线，是法治思维的内在要求。生态红线是国家生态安全的底线和生命线。习近平指出："在生态环境保护问题上，就是要不能越雷池一步，否则就应该受到惩罚。"要在精心研究和论证的基础上，明确究竟哪些要列入生态红线，并用立法的形式确定下来，从而从制度上保障生态红线。对于生态红线，经确定，就要一直遵行，不能逾越，不能例外。

其次，要完善经济社会发展考核评价体系。科学考核评价犹如"指挥棒"，在生态文明制度建设中是最重要的。要把生态环境放在经济社会发展评价体系的突出位置，改变唯GDP的观念，淡化GDP考核，增加生态文明在考核评价中的权重，把资源消耗、环境损害等体现生态文明建设状况的指标纳入经济社会发展评价体系，建立体现生态文明要求的目标体系、考核办法、奖惩机制，使之成为推进生态文明建设的重要导向和约束。

再次，要建立责任追究制度。责任追究制度主要是针对领导干部的制度。资源环境是公共产品，对其造成破坏必须追究责任。要对领导干部实行自然资源资产离任审计，对那些不顾生态环境盲目决策，导致严重后果的领导干部，必须追究责任，而且应该终身追究。只有真正实行终身追究，责任制度才不至于流于形式。要加强环境监管，健全环境损害赔偿制度，加大对违法行为的处罚力度，重点解决"违法成本低、守法成本高"的问题。

最后，促进资源节约。促进资源节约，是建设生态文明的源头工程，也是根本之策。要制定和完善促进资源节约使用、有效利用的法律法规，制定更加严格的节约标准，建立强制淘汰制度，完善市场准入制度。要进一步加大资源保护和节约的执法力度，严肃查处各种破坏和浪费资源的违法违规行为，提高浪费的成本。

第三节 法治思维与维护稳定

习近平高度重视稳定工作，在浙江工作期间提出建设"平安浙江"，并将其作为一个综合的系统工程来推进。他指出："坚持稳定压倒一切，正确处理改革、发展、稳定的关系，在社会稳定中推进改革发展，通过改革发展促进社会稳定，是我们党领导人民在建设中国特色社会主义实践中形成的基本经验，也是我们必须长期坚持的基本方针。"

一、法治思维视野里的稳定

发展是第一要务，稳定是第一责任。稳定是人类社会的价值追求，也是人类进步的基本保障。"中国的问题，压倒一切的是需要稳定。没有稳定的环境，什么都搞不成，已经取得的成果也会失掉。"

化解矛盾和维护稳定常常一起出现，两者在目的、方法等方面都具有共通性，但化解矛盾和维护稳定又各有侧重，不完全等同。化解矛盾中的矛盾，指的是自有人类社会以来人与人之间就不可避免产生的各类矛盾，更多指向的是纠纷的意义。维护稳定中的稳定，更多指向是政治稳定、社会稳定、经济稳定等。化解矛盾是维护稳定的前提和基础，稳定问题多是矛盾激化的表现形态。如果一个社会中的各类矛盾都能在法治轨道上得到及时化解，那这个社会就是和谐的，稳定问题就基本不存在了。在这个意义上，前述用法治思维和法治方式化解矛盾的路径和方法均适用于维护稳定。

当前，由于经济转型、社会转轨导致的各种利益矛盾引发的群体性事件时有发生，对社会稳定构成了挑战，也加重了维稳压力。虽然政府普遍重视维稳工作，将大量的人力、物力、财力用于维稳，但社会矛盾和社会冲突的数量非但没减少，反而不断增加，特别是为追求暂时"稳定"而牺牲"法治"的被动式维稳，看似解决矛盾，实则回避矛盾、积累矛盾，最终只能陷入"信访不信法"的怪圈。破解这种困境，需要转变维稳理念、思路和模式，让维稳法治化。

法治是社会安定有序的压舱石，法治思维是维护稳定的基本思维。现代社会治理的经验表明，运用法治维护社会的稳定，是推进国家治理现代化的题中应有之义。从法治思维和法治方式视野看维护稳定，首先，稳定的内涵由法律界定。所有事关稳定的问题，不管是政治问题、经济问题、社会问题，都要始终化解为一个法律问题。其次，稳定的内容由法律评价。法治是一个公平正义的标尺，意味着要建立以权利公平、机会公平、规则公平为主要内容的社会体系，营造公平的社会环境，保证人民平等参与、平等发展，这是一个社会和谐稳定的基础。公平正义蕴藏在法律中，合乎法律的，是有利稳定的；违反法律的，则是有稳定风险的。最后，维稳的手段由法律规定。公权力机关在实施维稳措施时，包括警力使用乃至紧急权的行使，其过程、步骤、方式、时限等应符合法律、法规的规定和正当程序的要求。

二、维护稳定的法治思维向度

任何一个社会都不可能完全消除矛盾，都需要一个吸纳社会矛盾、解决社会矛盾的渠道，让各类矛盾在一定规则下妥善化解。在前述用法治思维和法治方式化解矛盾的基础上，从维护稳定的视角，要着重处理好以下五对关系。

（一）处理好维权与维稳的关系

维权是维稳的基础，维稳的实质是维权。维权，就要在法治的框架下，倾听群众的呼声，维护群众合法权益，解决群众的实际难题。首先，要把改革开放的成果更多地惠及广大群众，让广大群众有更多的获得感，从而发自内心认同并拥护党和政府，这样社会和谐稳定才有坚实的根基。其次，要通过维权实现维稳。对涉及维权的维稳问题，坚持科学维权观，把实现好、维护好、发展好广大人民群众的根本利益作为一切工作的出发点和落脚点，在各项工作中注重维护群众合法的经济、政治、文化和社会权益。最后，在此基础上，保障严格、规范、公正、文明执法，建立多元、畅通的法律救济渠道，拓展法律援助、司法救助的对象和范围，努力以平和、理性和民主的法治方式实现人权保障，进而从根本上维护社会稳定。在维权机制上，习近平特别强调维护群众合法权益，是工会、共青团、妇联等群团组织的基本职能，要充分发挥好群团组织的桥梁纽带作用，打破部门分割，整合维权资源，完善维权管理网络，不断提高社会管理和社会服务能力。

（二）处理好活力与有序的关系

习近平强调，维护社会大局稳定，要处理好活力与有序的关系。社会稳定很重要，但不能将民众利益表达与社会稳定对立起来，将公民正当的利益诉求与表达视为不稳定因素。"发出声音，是主张利益的基础。有利益的表达才有相对的利益均衡，有相对的利益均衡才有长久的社会稳定。""要把利益表达和社会稳定作为同等重要的双重目标，以法治为核心，推进市场经济条件下利益均衡与利益表达的制度化建设，形成社会长治久安的基础。"所以，既不能管得太死、一潭死水，也不能管得太松、波涛汹涌。关键在于要教育引导人民群众合法、理性、有序地表达利益诉求，依法维护自身权益。

（三）处理好防范与打击的关系

习近平指出，要坚持"打防结合，预防为主"方针，严打、严治、严防、严管紧密结合。如果有人在合法合理诉求解决以后依然无理取闹甚至聚众滋事、扰乱公共秩序，就必须依法严肃处理，从而树立法治的权威。在这方面，习近平特别强调，"比如出现群体性事件，群众在情绪激动的状态下可能发生众多人员违法的问题，也有些无关群众夹杂在其中做出违法行为"，这种情况下，事后对违法行为必须进行处理。"对执法机关严格执法，只要符合法律和程序的，各级党委和政府都要给予支持和保护，不要认为执法机关给自己找了麻烦，也不要担心会给自己的形象和政绩带来什么不利影响。"当下，随着新媒体的发展，不少涉及稳定的事件在新媒体平台传播，常常出现情况不明但舆论已经"定性"的"舆论审判"。此时，各级党委、政府应旗帜鲜明地支持执法机关严格依法处理。

（四）处理好党和政府与社会组织的关系

当前，社会组织蓬勃发展，既是参与社会治理的重要力量，同时也成为影响社会稳定的力量。预防和化解社会矛盾、维护社会稳定，需要增强社会自我消解矛盾纠纷的能力。党委和政府无法事无巨细地处理、化解所有的社会矛盾，在维稳的系统中，社会组织应有一席之地。党的十八届三中全会对激发社会组织活力做出专门部署，这有利于社会组织向专业化、规范化发展。在鼓励社会组织发展的同时，也要注重党和政府对社会组织发展的引导和领导，增强其对社会组织的影响力。"历史和现实都证明，对社会组织管得过严，不利于社会和谐、激发社会活力；相反，疏于对社会组织的管理，也不利于社会稳定、维护社会秩序"。在具体操作上，要处理好三个关系：一是组织领导和政治领导的关系，党组织没有直接任免社团干部的职能，但党组织要施加必要的影响，把握方向，监督社团组织遵守法律和社会道德规范；二是控制和引导的关系，既要保证社会组织沿着正确的方向发展，又要发挥社会组织的功能作用；三是管理和服务的关系，引导社会组织开展自我教育、自我管理、自我约束、自我服务，特别是充分发挥社会组织中党员的先锋模范作用。

（五）处理好虚拟与现实的关系

网络安全是国家安全的重要组成。习近平在中央网络安全和信息化领导小组第一次会议上强调，要抓紧制定立法规划，完善互联网信息内容管理、关键信息基础设施保护等法律法规，依法治理网络空间，维护公民合法权益。习近平也高度重视网络舆论生态，强调要依法加强网络社会管理，加强网络新技术新应用的管理，确保互联网可管可控，使我们的网络空间清朗起来。运用法治思维和法治方式惩治散播网络谣言的行为，要处理好言论自由和打击网络谣言的关系，任何人都有言论自由，但不等于可自由言论。言论自由也有原则、有底线。

三、加强维护稳定机制建设

（一）建立群体性事件处置机制

习近平要求，要因地因时因事因人制宜地妥善处置群体性事件，一旦发生群体性事件，要立足争取大多数群众，立足化解矛盾，立足防止发生连锁反应，立足迅速控制事态，依法妥善做好问题定性、舆论引导和措施实施等工作，最大限度地减少对社会稳定的冲击，防止局部性问题转化为全局性问题、非对抗性矛盾转化为对抗性矛盾。处理问题要有预案，预案不是摆设，定了就要做，预案也不是永久不变的，不适应了应该及时调整。

（二）建立信息公开机制

信息在维稳工作中的作用和影响至关重要。群体性事件和谣言往往是双生子关系，政府做到信息公开，保持信息畅通，对于应对群体性事件最为关键。在一些损害公众利益的事件发生后，公众往往迫切希望知道事件的原因和真相以及政府的应对情况。建立信息公开机制，核心在于绝不能让公众的视听被谣言所扰乱。因此，在维稳工作中，领导干部做分析、判断和决策应坚持信息公开和信息真实的思维向度，尊重公民的知情权。

（三）建立社会稳定风险评估机制

建立社会稳定风险评估机制有助于从源头上降低决策风险，维护社会和谐稳定。要全面推行实施重大工程项目建设和重大政策社会稳定风险评估制度，凡是与人民群众切身利益密切相关、影响面广、容易引发社会不稳定问题的重大决策事，都要进行社会稳定风险评估。要建立决策跟踪评价和责任追究制度，凡超越权限、违反程序的决策行为及决策失误造成严重后果的，依法严肃追究主管部门、单位和相关人员的责任，坚决防止因决策不当引发的社会不稳定。

（四）建立特殊困难群体关爱机制

社会不公是社会矛盾的催化剂。弱势群体如果长期受到压制可能会集体爆发，酝酿成群体性事件。因此，既要在法治的框架内最大限度地实现机会平等，也要在实现形式平等的基础上，通过法律制度来协调社会各阶层的利益，完善为民办实事的长效机制。特别是要做好困难群体的权利救济工作，对社会困难群体进行特别的法律和政策保护，包括加快职业培训服务制度、社会保障制度、最低生活保障制度的建设，保障困难群体在社会中获得参与市场竞争的机会。要切实解决好老百姓打官司难的问题，加大对困难群众维护合法权益的法律援助，加快解决有些地方没有律师和欠发达地区律师资源不足的问题。

四、创新发展"枫桥经验"：运用法治思想创新社会管理、维护社会稳定的实践

20世纪60年代，浙江枫桥干部群众创造了"依靠群众就地化解矛盾"的"枫桥经验"，并根据形势变化不断给予其新的内涵。在浙江任省委书记期间，习近平高度重视"枫桥经验"的创新发展，专门召开了纪念毛泽东同志批示"枫桥经验"40周年暨创新"枫桥经验"大会，并从创新"枫桥经验"着手，对社会治安综合治理体系建设做了系统的闻述。2013年10月，在纪念毛泽东同志批示"枫桥经验"50周年之际，习近平又做出重要批示，要求各级党委和政府要充分认识"枫桥经验"的重大意义，善于运用法治思维和法治方式解决涉及群众切身利益的矛盾和问题，把"枫桥经验"坚持好、发展好，把党的群众路线坚持好、贯彻好。半个多世纪过去，作为有中国特色的社会治理模式，"枫桥经验"没有过时，并成为新时期的社会治理模式。当下，"枫桥经验"仍然是我们加强社会治安综合治理、维护社会稳定的重要借鉴。习近平对"枫桥经验"的系统论述，处处体现出法治思维和法治方式的自觉。

（一）把创新发展"枫桥经验"放到依法治国大局中定位

"枫桥经验"始终坚持着眼大局、围绕大局、为了大局，正确处理改革、发展、稳定的关系，高度重视维护社会稳定工作，促进经济与社会协调发展。创新发展"枫桥经验"就是要把加强党的领导、人民当家作主和实行依法治国有机结合起来，最广泛地动员和组织人民群众依法管理国家和社会事务，管理经济和文化事业，维护和实现人民群众的根本利益；就是要大力推进基层民主政治建设，浓厚基层民主法治氛围，畅通社情民意渠道，梳理群众情绪；就是要广泛开展普法宣传，进一步完善普法工作机制，不断提高人民群众的法治素质。

（二）把创新发展"枫桥经验"纳入法治化轨道

制度建设更具有根本性和长远性。创新发展"枫桥经验"，必须从建立健全长效机制着手，推进思路创新和方法创新，使预防化解矛盾、维护社会稳定工作走上规范化、制度化、法治化的轨道。要以完善的制度为保障，健全矛盾纠纷调处工作机制，狠抓落实责任制，建立"四前"工作机制：组织建设走在工作前，预测工作走在预防前，预防工作走在调解前，调解工作走在激化前。要建立健全预防化解矛盾纠纷的情报信息网络机制、疏导调解机制、齐抓共管机制和领导责任机制，完善不安定隐患排查预测制度和重大情况报告制度，及时发现带有倾向性、苗头性问题，切实把不稳定因素解决在基层，解决在内部，解决在萌芽状态。

（三）把创新发展"枫桥经验"与群众路线法治化相结合

习近平"要把'枫桥经验'坚持好、贯彻好，把党的群众路线坚持好、贯彻好"的批示，指出了"枫桥经验"与群众路线的内在关系。创新社会管理必须重视源头治理，强化基层基础，深入发动群众。正如习近平所指出的，社会管理主要是对人的服务和管理，说到底是做群众的工作。一切社会管理部门都是为群众服务的部门，一切社会管理工作都是为群众谋利益的工作，一切社会管理过程都是做群众工作的过程。从这个意义上说，群众工作是社会管理的基础性、经常性、根本性工作。新时期坚持和发展"枫桥经验"，就是要以群众路线统领社会管理创新，推动群众路线法治化，将群众路线与法治思维、法治方式结合起来，以维权实现维稳，守住维稳的法治底线。群众路线法治化，就是在法治原则和法治框架下坚持和发展群众路线，切实增强民本思维，积极探索服务群众的途径，充满热情地解决人民群众工作和生活中的实际问题，努力实现富民、安民、乐民、康民；增强权利思维，推动有关部门转变执法理念，更新管理方式，增强服务意识，做到严格执法、依法管理、热情服务，以切实维护好人民群众的合法权益；增强制度思维，落实领导干部下访等领导干部联系群众制度，推动领导干部经常性深入基层、深入实际、深入群众，调解纠纷，化解矛盾，理顺情绪，维护稳定。

参考文献

［1］刘平. 法治与法治思维［M］. 上海：上海人民出版社，2013.

［2］陈保中. 法治思维［M］. 上海：上海人民出版社，2016.

［3］夏锦文. 法治思维［M］. 南京：江苏人民出版社，2015.

［4］江必新. 领导干部的法治思维与法治方式［M］. 北京：中国法制出版社，2014.

［5］陈胜，袁普. 树立法治思维 处置特殊资产：以实质合并破产与刺破公司面纱为视角［J］. 当代金融家，2020（11）：78-81.

［6］何宗政，孙高杰，张琦，等. 依法治企理念在设备运行管理中的实践和思考［J］. 法制博览，2020（31）：107-108.

［7］王哲. 模拟法庭在高校思政课教学中的运用：以天津中医药大学为例［J］. 法制博览，2020（31）：185-186.

［8］章彬. 新时代大学生法治素养培育路径研究［J］. 法制与社会，2020（31）：159-160.

［9］侯建军. 民法典运用法治思维引领人们向上向善［J］. 中国人大，2020（21）：44.

［10］龚勋. 新时代"法治长沙"推进中大学生法治思维培育路径［J］. 品位经典，2020（9）：85-86.

［11］谷滋英. 提高领导干部运用法治思维和法治方式能力的思考［J］. 法制与社会，2020（27）：85-86.

［12］张祥伟，李彤. 全面依法治国背景下大学生法治思维培育路径研究［J］. 法制与社会，2020（27）：171-172.

［13］范美琴."《民法典》让生活更美好"教学设计［J］. 思想政治课教学，2020（10）：59-61.

［14］齐恩平. 国家治理现代化视阈下的法治思维论［J］. 理论与现代化，2020（5）：32-40.

［15］廖小明. 制度哲学视阈下把握我国意识形态领域根本制度的思维向度［J］. 世界哲学，2020（6）：96-107.

［16］熊川凯. 权法不能分离［J］. 老年人，2020（11）：8.

［17］唐巍. 法治中国建设进程中党校的重要作用［J］. 法制与社会，2020（29）：95-96.

［18］董舒萌. 指向法治思维的表现性评价学习活动实践研究：拓展高年级道德与法治学习时空的探索［J］. 中小学德育，2020（10）：39-42.

［19］陆宏英. 小学道德与法治思维课堂的教学建构［J］. 中小学德育，2020（10）：28-31.

［20］唐恩岐. 强化法治思维推动《民法典》在本区域有效实施［J］. 法治与社会，2020（10）：68-69.

［21］胡杨. 强化四种思维，坚持教育政治性［J］. 决策与信息，2020（10）：66-70.

［22］张彩勤. 刍议法治教育专册的儿童情怀［J］. 教学月刊（小学版），2020（9）：14-16.

［23］罗燕翔. 实施"童化"策略，培养法治素养：《我们受特殊保护》一课教学设计思路简析［J］. 教学月刊（小学版），2020（10）：16-17.

［24］王永贵，陈雪. 以科学思维决胜全面建成小康社会［J］. 思想教育研究，2020（10）：9-11.

［25］高燕秋. 高职生法治思维养成教育之研究：以苏州健雄职业技术学院为例［J］. 品位经典，2020（10）：94-95.

［26］王丹. 依法治国背景下高职院校学生法治教育的探索与实践［J］. 长江丛刊，2020（30）：110.

［27］李鹃. 善于运用法治思维法治方式正风反腐［N］. 中国纪检监察报，2020-11-27（1）.

［28］李万祥. 善用法治强企兴业［N］. 经济日报，2020-11-26（3）.

［29］王喜，郭婧. 为决战决胜脱贫攻坚提供坚强法治保障［N］. 贵州日报，2020-11-25（9）.

［30］李天，宋增吉. 善于运用法治思维推进工作［N］. 解放军报，2020-11-25（6）.

［31］郭庆松.领导干部要做尊法学法守法用法模范［N］.中国纪检监察报，2020-11-24（5）.

［32］本报评论员.党的领导是推进全面依法治国的根本保证［N］.人民日报，2020-11-21（1）.

［33］李鹃.以法治思维法治方式惩治腐败［N］.中国纪检监察报，2020-11-19（3）.

［34］张世光.多措并举加强市域行政争议源头治理［N］.检察日报，2020-11-18（7）.

［35］胡卫，杨紫迤.准确把握五大思维的内在联系［N］.学习时报，2020-11-16（3）.

［36］陈宇，唐晓勇.把握四个维度 推进永州道路交通安全法治体系建设［N］.永州日报，2020-11-16（5）.

［37］郑志文.强化法治思维做好退役军人工作［N］.人民日报，2020-11-15（6）.

［38］姜懿.善于运用法治思维科学促进高校发展［N］.法制生活报，2020-11-12（3）.

［39］许志鹏.以绝对忠诚的奋斗担当践行初心使命 以法治思维推进国家治理能力现代化［N］.湄洲日报，2020-11-09（B3）.

［40］于宁，任雪娜.以法治服务"发展第一要务"［N］.烟台日报，2020-11-05（4）.

［41］于晓娜.新时代培养基层领导干部的法治思维探究［N］.烟台日报，2020-11-04（11）.

［42］黄传英.加快提升新时代基层社会治理水平［N］.广西日报，2020-10-29（6）.

［43］陈红梅.党内法规的法治思维［N］.中国社会科学报，2020-10-28（4）.

［44］李善和.增强法治思维 学好用好"百科全书"［N］.开封日报，2020-10-23（3）.

［45］张玉胜.破解辅警管理难题要用法治思维［N］.民主与法制时报，2020-10-17（2）.

［46］韩啸.讲好"《中华人民共和国监察法》解读"应侧重的三个要点［N］.吉林党校报，2020-10-16（2）.

[47]姚秀霞，任雪娜. 纵深推进法治栖霞建设［N］. 烟台日报，2020-10-15（4）.

[48]冯文瑞. 将学用民法典与提升案件审理质量贯通起来［N］. 中国纪检监察报，2020-09-30（5）.

[49]周靖凯. 愿新时代青年干部点亮心中的法治之光［N］. 九江日报，2020-09-25（4）.

[50]方志雄. 坚定法治信仰 依法合规诚信经营［N］. 中国石化报，2020-09-25（3）.

[51]兵团日报评论员. 全面深化改革 增强发展后劲［N］. 兵团日报（汉），2020-09-24（1）.